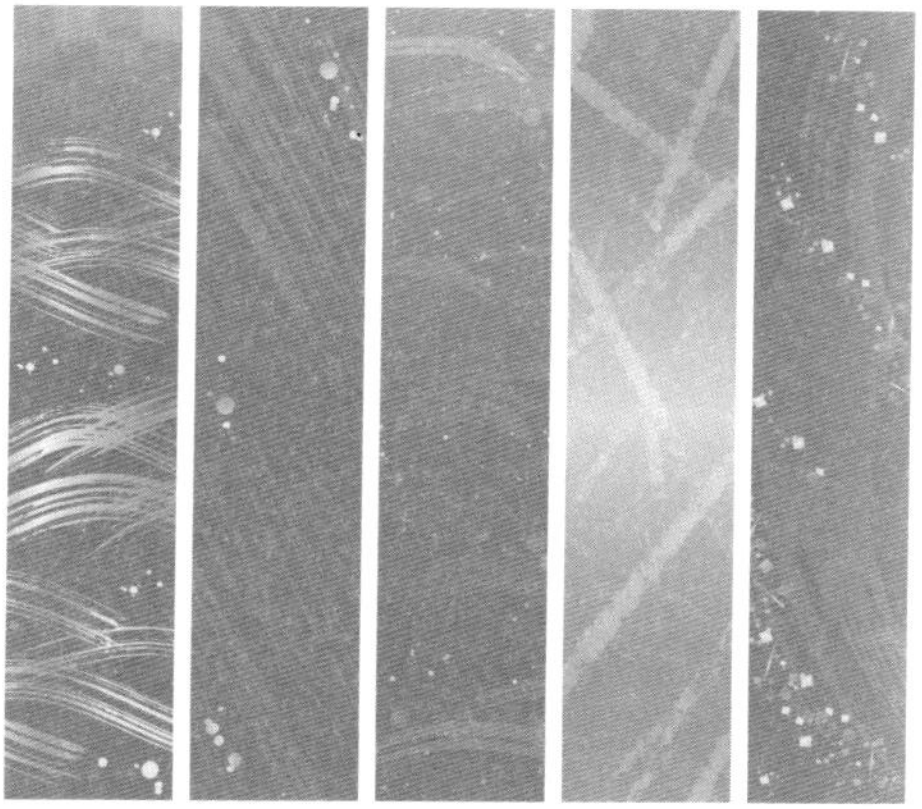

名古屋市立大学人間文化研究叢書6

アジアの中の日本文化

―ことば・説話・芸能―

名古屋市立大学日本文化研究会 編

風間書房

はじめに

やまだ　あつし

日本文化という言葉から、何を連想するでしょうか。歌でしょうか、禅でしょうか、大和魂でしょうか。人それぞれ連想は違うかと思いますが、本書は文化を伝える日本語ということば、信仰や言い伝えなどが元となっている説話、そしてことばや所作・体験を総合した芸能などの観点から日本文化を考える本です。さらに本書は、日本列島からも飛び出して考えます。文化は地域や風土が育むものであっても、外に伝わらないものではありません。日本文化も周辺のアジア諸地域との間に伝わる・伝えられるという関係がありました。漢字は中国由来です。仏教はインドから中国や朝鮮を経て日本に伝わりました。日本の近隣には、二十世紀前半の日本の植民地化によって日本文化が時には無理やり伝えられ、また今日のＣＯＯＬ　ＪＡＰＡＮの流れの中で、伝わるものは違えども再び日本文化が伝わっています。単に伝わる・伝えられるだけでなく、アジア諸地域を有望市場と見据えての日本側の動きもあります。今までも、アジア諸地域との関連を見ずして日本文化を理解することは、仏教理解一つをとってみても難しいことでしたし、今後はなおさら難しいでしょう。

本書を「アジアの中の日本文化」と名付けた由縁です。

本書をまとめた名古屋市立大学日本文化研究会は、名古屋市立大学の大学院人間文化研究科にある「日本文化」という課題研究科目（学科・コースに相当）を母体とする会です。会の由来は「あとがき」を読んでいただくとして、本書は「日本文化」にて様々な視点から日本文化を学び考えた大学院修了生らが中心となり、教員も加わって編集された本です。一人の著者が統一した筋立てで書いた本ではありませんが、その分、（本書に著者の職業・年齢は記していませんが）年齢も民族も多様な著者たちによる、多面的な考察を楽しんでいただければ幸いです。それとともに、東京や京阪神の大学だけが日本文化を考える資格を持つのでなく、名古屋でも考えることができることと、学ぶことは何歳からでも可能であることも、知って欲しいです。

以下、簡単ではありますが、本書の各論文を紹介しましょう。

「第一部　伝える日本語、伝わる日本語」の各章は、特に日本語ということばを考える章です。文化即ことばではなく、禅の不立文字《ふりゅうもんじ》に代表されるように体験や所作も文化を伝える要素とはいえ、ことばの考察なくして文化伝搬を考えることはできません。成田徹男【なりた・てつお】「ふりがなは大発明――ふりがなを活用しよう――」は、日本語を伝える上での大問題である書き言葉と話し言葉との違い、特に漢字の読みを、ふりがな活用によって解決しようと唱えた章です。本書の各著者もこの活用に賛同し、さっそく人名には【　】を、難しい読みにはルビをふりました。各著者にとって初めての試みであり、ふり方に若干の不統一がありますが、日本語を伝えるための試行錯誤として、ご容赦願います。

吉田千寿子【よしだ・ちづこ】「言語のリズム、歌のリズム」は、日本語を流ちょうに話す上で無視できないリズムをどう日本語学習者に伝えるかを、著者の指導実践から解き明かします。阪井芳貴【さかい・よしき】「『しまくとぅば』をめぐる考察のために――うまりじまぬ　くとぅば　わしりーねー　くにん　わしりゆん――」は、故・翁長雄志【おなが・たけし】沖縄県知事のスピーチなどを素材にウチーナーグチ（琉球方言）によって伝えられる沖縄県民の思いを考察します。

本書は論文以外にコラムを配し、テーマをより多彩に伝えています。第一部は、手嶋大侑【てしま・だいすけ】「平安時代の人名と当て字」が人名を巡る書き言葉の問題を、黄如翎【ふぁん・るーりん】「台湾原住民の日本語教育――彼らの現在、言語の衝突――」が戦前台湾の山地での日本語教育を、それぞれ紹介しています。

「第二部　信仰のなかで出会う日本文化」の各章は、日本文化に関連する信仰と説話に焦点を当てた章です。浅岡悦子【あさおか・えつこ】「熱田神宮と草薙剣」は、三種の神器の一つで、熱田神宮《あつたじんぐう》に祀られている草薙剣《くさなぎのつるぎ》を紹介します。市岡聡【いちおか・さとる】「二井寺説話から見る『法華験記』と地方寺院」は、十一世紀に編纂された『法華験記《ほっけげんき》』という説話集に登場する山口県の二井寺《にいでら》を題材に、地方寺院でどのような説話が作られたのかを寺院の経済状態に踏み込んで分析します。柴田憲良【しばた・けんりょう】「末法の克服――最澄の末法思想の理解をめぐって――」は、比叡山《ひえいざん》を開いた最澄【さいちょう】が、中国の南北朝時代の仏教排撃運動を視野に入れながら、仏教衰退の時代とされる末法《まっぽう》をどう理解しようとしてたかを解明します。第二部のコラムは、やまだあつし「戦前台湾における神社といけ花」が戦前に伝えられた神社の祭りやいけ花を、ジェームズ・バスキンド「禅と茶道について」が近現代の禅思想家の茶道理解を、それぞれ紹介しています。

「第三部　伝わる日本文化、伝える日本文化」の各章は、日本文化を地域や時代を超えた他者へ伝えることについて、（広い意味での）芸能を手掛かりとして考える章です。太田昌孝【おおた・まさたか】「西脇順三郎の挑戦――古代から超現実へ――」は、詩人で英文学者であった西脇順三郎【にしわき・じゅんざぶろう】が、古代祭祀への考察から、古代人が伝えていることをどう自己のシュルレアリスム（超現実）的詩作へと結実していったのかを考察します。文秀秀【ぶん・しゅうしゅう】「中国におけるアイドル文化の考察――日本のアイドル文化からの影響――」は、ジャニーズ事務所の運営モデルを手掛かりに中国への日本文化の伝搬を分析しています。小野純子【おの・じゅんこ】「台湾に残る日本の姿――『ＫＡＮＯ』と蔡清輝氏のお話――」は、戦前の甲子園野球大会に台湾の嘉義【かぎ】市から出場した学校とその学校を育んだ街、そして当時の思い出が現代にどう伝わっているかの話です。第三部のコラムは、白真善【ぺく・じんそん】「日本統治時代の建物が意味するものとは」が韓国に残る日本の建築物を、柴田憲良×渡邊良永【わたなべ・よしなが】「声明と雅楽――現代のコラボレーションとその源流――」が仏教声楽である声明《しょうみょう》と日本の貴族社会の音楽芸能であった雅楽《ががく》との歴史上および名古屋でのコラボレーションを、それぞれ紹介しています。また、中村香織【なかむら・かおり】「嘉義農林学校日本語世代の今――戦前・戦中の記憶――」は小野論文の執筆課程で出会ったドキュメンタリー映像の製作者の特別寄稿です。

本書の作成にあたっては、日本文化研究会の事務局をはじめとする皆さんに多大な協力をいただきました（詳しくは「おわりに」で紹介があります）。また出版事情が厳しい中、本書の出版を引き受けた風間書房にもお礼を申し上げます。

本書は、名古屋市立大学人間文化研究科の出版助成を受け「名古屋市立大学人間文化研究叢書」の一冊（第六号）として刊行されます。

目次

第二部　信仰のなかで出会う日本文化

第三部　伝わる日本文化、伝える日本文化

第一部　伝える日本語、伝わる日本語

第一章　ふりがなは大発明——ふりがなを活用しよう——

成田　徹男

はじめに

ふつう、ひらがなにふりがなをつけないのはなぜか

たとえば「成田いずみ」という名前の人がいるとして、その名前にふりがなをつけるとき、名字の「成田」にはもちろん「なりた」とふりがなを書くだろう。しかし、「いずみ」に「いずみ」と、ふりがなをつけない、あるいは、ふりがなを書くかどうか迷う人もかなりいるのではないか。たぶんそういう人は、ひらがな表記の「いずみ」は「いずみ」としか読みようがなく、したがって「いずみ」というふりがなをつける意味がない、と思うのであろう。

これをもとに考えると、まちがいなく読める、音声化できるということであれば、ふりがなをつける必要はない、ということになる。かつて山本有三【やまもと・ゆうぞう】によって提唱された「ふりがな廃止論」というものがある（山本有三（一九三八）参照）。もともとは子ども向けの読み物に

ふりがなをつかうのをやめようという趣旨の提案であった。敗戦後、表音的な現代仮名遣いや、一般につかう漢字の数や読みかたを制限する言語施策がおこなわれて、教科書も新聞も、基本的にふりがなをつかわなくなった。現在もその流れのもとにある。

ふりがな復活論

しかし、「ふりがな禁止令」があるわけではない。現在は「パラルビ」の時代であって、必要に応じてふりがなをつけてよいはずなのだが、どうも「必要最小限」にとどめようとする力が働いているように思われる。たとえば、初出例につけたら、二つ目からはつけない。新聞の、一定地域の記事であれば、その地域ではよく知られている（はずの）地名や会社名にはふりがなをつけない。その分野の記事をよむ人なら知っている（はずの）作家やスポーツ選手の名にはふりがなをつけない。また、子ども向けの新聞、あるいは新聞の子ども向けコーナーにはたくさんふりがなをつけるのに、それ以外になると、とたんにふりがなの量がへる。多くつけるほど「子ども向け」あるいは「俗っぽい」イメージにつながることを恐れているかのようでもある。

ここでは、ふりがなというものが、どういうものであるか、そして現代日本語の表記において、どういう役割をはたすものなのか、ということを文字表記論の観点から考えてみたい。そうして、この日本の、日本語のための、すばらしい発明を大いに活用することを提案したい。いわば、「ふりがな活用論」「ふりがな復活論」である。

一　ふりがなとは何か

ひらがなにだって、ふりがなをつけることがある

「にほひ」に「におい」とふりがながついている、ということがある。そう、古典の文章などのような場合である。このときの「にほひ」という、言わば「本文」について、「におい」というふりがなは《ニオイ》（便宜的に《　》内のカタカナで音声のカタチを示すことにする）と音声化できる、ということをあらわしている。

ここで、注意しなければならないことがある。「にほひ」は平安時代初めごろにはおそらく《ニフォフィ》のように発音されていたはずであり、さきほどの「音声化できる」というときの「音声」は平安朝のそれではなく、現代（少なくとも江戸時代中期以降）の発音だということである。歴史的仮名遣いで「にほひ」と書く語は、現代語の《ニオイ》と発音する「におい」という語に対応する、ということなのである。対応するといっても、当然すべての意味用法が一致する保証があるわけではないが、たいていは意味に共通点をもっているから、音読を聞いただけでも意味が推測しやすい。

「にほひ」の「ほ」「ひ」は、この語のこの部分が、当時のハ行音のオ段とイ段の音で発音されていたことを示す。さきほど示した説では《ニフォフィ》というような発音である。つまり、当時の

ハ行音の発音は、現代語のハ行音の発音とはちがうのである。現代語の発音で《ニホヒ》とは発音しない。それだけでなく、実はたぶん、この語が《ニホヒ》と発音された時代はない。しかも、この語の場合は、そののち「ほ」「ひ」に対応する部分の発音が、母音、つまりア行の音である《オ》《イ》に変化した。

「にほひ」に「におい」とふりがながつけられるのは、「本文」の「にほひ」が古典語でつかわれた歴史的仮名遣いの表記であるのに対して、ふりがなの「におい」は現代語の発音《ニオイ》と対応づけられる現代仮名遣いの表記である、という仕組みによるのであるということを確認しておきたい。

カタカナに、ひらがなのふりがなをつけることがある

幼児向けの（教育的）おもちゃや本を見ていると、カタカナの文字にひらがなでルビがついていることがある。積み木に赤い宝石をつかった指輪の絵があって、カタカナ「ルビー」にひらがなの「るびい」が書きそえてあったりする。

実はふりがなを指す「ルビ」は英語での愛称「ルビー」に由来する。金属活字で版を組んでいた時代に、日本ではふりがなにつかわれた小さな活字に対して、そのサイズ（「ダイヤモンド」「パール」と呼ばれたものより大きい）から宝石の「ルビー」が愛称としてつかわれていて、それが日本にも伝わって「ルビ」と呼ばれるようになったらしい。

写真は 2018 年 12 月 6 日、朝日新聞デジタル版による

現代では、幼児や小学生に文字を教えるのに、ひらがなから始めるのは当たり前のように思われる。しかし、法律や政府の公報が「漢字カタカナ交じり文」であった時代には、どちらを先に教えるべきか、という議論があった。また、当時の「漢字カタカナ交じり文」は文語文であって、歴史的仮名遣いであった。「匂ヒ」「ニホヒ」だったのである。そのころと現代とでは、表記上のカタカナの役割は大きく変わっている。

現代のカタカナは、多く外来語の表記につかわれる。音との対応関係は、基本的にひらがなと同じである。ただし、外来語の表記においては長音（のばす音）について「ー」（「長音符号」）をつかう点が、ひらがなとは大きくちがっている。子どもにとっては長音（のばす音）に「ー」（「長音符号」）をつかうのはわかりやすいので、「ルビー」の「ー」にひらがなの「い」をつかうのは、いらぬおせっかいのようでもある。

この例の場合、「本文」の「ルビー」が外来語の表記法としては正しく、ふりがなの「るびい」は、音声《ルビー》を『現代仮名遣い』にしたがったひらがな表記によって示したものなのである。外来語は、カタカナで表記するのが原則になっているので、ふりがなのありかたとしては少々変わったものだと言える。

新駅の名を「高輪ゲートウェイ」としたことを公表した二〇一八年一二月四日の記者会見でJR東日本の深沢祐二【ふかざわ・ゆうじ】社長が掲げた駅名表示板には、併記されたひらがな表記が「たかなわげーとうぇい」と横書きされていた。駅名表示板のひらがな表記は、ふりがなそのものとは区別されるべきだとは思うが、実質的な働きはふりがなと同じである。JR初と言われるカタカナ外来語駅名のひらがな表記が、カタカナ表記を単純にひらがなに置き換えただけのものとして示されたことになる。『現代仮名遣い』では、ひらがな表記で長音符号「ー」も、小さい「ぇ」もつかわない。駅名表示板のひらがな表記は『現代仮名遣い』の適用対象外になるのだろうか。

ふりがなをつけるのは、どんなときか

漢字にふりがなをつけるのは、多くの場合、その読みかたを明示するためである。そして、ここまで見てきたように漢字以外であってもふりがなをつけることがあり、それはやはり、読みかた、音声化のしかたをあらわすためであった。

ある文字列について、音声化することが難しいと書き手が判断したとき、その文字列の読みかたを示すのが、ふりがなのである。

しかし、これを逆手にとれば、ある文字列について、強制的にひとつの読みかたにしてしまう、ということもできる。たとえば演歌の歌詞で「〇〇の女」と表記して、「女」に「ひと」とふりがなをつけるような例である。文字表記は「女」だが、音声化すれば《ヒト》なのである。「女」は、ふつう「おんな」と読む（『常用漢字表』で認められている訓読みである）のに、ここでは（『常用漢字表』で認められていない）「ひと」と読まなければならない、あるいは、歌わなければならないのである。

二　ふりがなはどこから来たか

「漢文訓読」が、はじまり

むかし、日本語に文字がなかったところに、漢字が伝わってきた。漢文、つまり当時の中国語の文章を、（当時の）日本語で「よむ」のが「漢文訓読」である。

それは、英語の文

I love you.

を、「わたしは、きみを　ラブする」と「よむ」ようなものであった。英語にはない「は」「を」という助詞をおぎなったり、「する」という形式的な動詞をつけて、英語にはない語形変化をあらわしたりする。だから、「わたしは」か「わたしが」か、あるいは「わたし」か、読みかたがいろいろ生まれることになる。語順がちがうのを示すのに、「レ点」とか「一、二」などの「返り点」をつけた。「わたし」「きみ」は「I」「you」の「訓【くん】読み」、「ラブ」が「love」の「音【おん】読み」だと考えると、どのようなことがおこなわれたか理解しやすいであろう。「訓読み」は意味が対応するなら、いくつでもありうる。「I」なら「われ」でも「ぼく」でも「おれ」でも「あたい」でも「わちき」でもよい。日本語の場合は、話し手の属性や個性によって、また、文体や会話状況によって、話し手をさす語形が選択されるからである。「音読み」は、当時の漢語の音を日本語母語話者がオトまねしたもの、つまりは、現代英語音をオトまねした現代日本語の外来語の「ライト」(「right」「light」)などと同様に、不完全なオトまねである。不完全なうえに、元の音声にちがいがあったり、伝わり方にちがいがあったりすると、複数の「音読み」がありうる。

金文京【きん・ぶんきょう】(二〇一〇)によれば、中国という古く巨大な文明があったために、日本だけでなく、朝鮮、ベトナムなど、その周辺では「漢文訓読」ないしそれに類した現象が広く見られるようである。

この「訓読み」「音読み」を、漢字のかたわら(縦書きなら一般的には漢字の右横)に仮名文字で書けば、ふりがなになる。

江戸時代から明治のころは、ふりがながいっぱい

むかし、紙は貴重品で、本となるともとは自筆のもの一部しかないので、複製がほしければ、現物を借りて書き写すしかなかった。これが「写本」である。古い文学作品の多くは自筆の原本は失われ写本しか残っていない。お経は、写本でも貴重品であったから、漢文訓読のための手がかりを、なるべく目立たぬように記す工夫がなされた。漢字の周囲に朱墨で点をつけるなどした。これを「訓点」と言う。訓点で漢字の字形を省略してその一部を記すことから、カタカナが誕生する。また、読みたい書物を自分で書き写したものなら、自由にふりがななどを書きこむことができる。それをまた他の人が書き写すことによって、ある漢字や語の読みかたが広まり、定着していくこともあっただろう。江戸時代になると、木版刷りによって同じものが何冊もできるようになった。あまり漢字を読めない人にもふりがなをつければ売れた。

明治になって、金属活字をつかって、同じものが大量に印刷できるようになる。新聞や雑誌が活字印刷で発行された。それらの多くが「総ルビ」であった。つまり、原則として、漢字すべてにふりがながつけられたのである。それは、江戸時代の伝統をうけつぎ、さらに明治時代の思想背景としてあった「啓蒙」という考えに合致したものである。また、新聞や雑誌を多く売りさばくための有効な手段でもあった。

その習慣は、たとえば新聞に連載された小説が書籍になったときにもうけつがれることがあり、子ども向けの雑誌や「世界名作全集」のような書籍も「総ルビ」が多かった。だからこそ、「ふりがな廃止論」が提唱されたのである。

三　ふりがなの原理

言語には「線条性」がある

言語というものはそれを構成する要素が時間軸に沿って並ぶ、という性質をもつ。これを「線条性」と言う。音声言語なら、話し手が次々に出すオトを、聞き手はその順序にしたがって聞かねばならない。話し手は同時にふたつのオトは出せないし、聞き手は同時に（ふたりの話し手の）ふたつのオトを聞くと混乱することがある。このように音声言語では「線条性」があらわである。

一方、文字言語では、いささか事情がちがう。複数の文字・表記要素が同時に存在し、読み手が同時にいくつもの要素を視野にいれることもできるからである。しかし、同時に複数の文字を読むことはできない。文字言語を意味あるものとして理解するためには、一定の規則にしたがって順序よく読むことが必要である。書くときも、たいていは一定の順序で書いていく。つまり、文字言語においても基本的には「線条性」がある。要するに、言語というものは、原則として「一本道」なのである。

たいていは、ふりがなが「本線」

ふりがなは、これの例外のように見える。あたかも二本の道が並行しているかのように、いったん分岐した道がまたひとつになるかのように、見える。
しかし、その言語表現を、声に出して読んでみると、たいていは音声化したすがたはひとつに決まっていて、それが言わば「本線」として線条性をたもっている。そして、その場合に、視覚的にまっすぐにつながっている、まあ「本文」のように見える文字列の方が、実は「支線」になっている、という点に気をつけたい。

表記の習慣としては、あくまで漢字（仮名交じり）が「本文」であって、ふりがなは添え物、脇役である。音声言語との関係ではふりがなの方が（オトとしての）「本線」であるはずなのに、視覚的な「文字づら」としては、多くの場合「支線」あつかいにされがちである。日本では、基本的に文字表記を重視し、「ことば」とは「文字で表記されたもの」ととらえる傾向が強い。さらに、漢字こそが、（「真名」という名称もあるように）真の、正規の文字表記だという感覚が現在でも根強く、漢字が本線と認識されてしまう傾向があるため、よけいにそうなりがちである。「ふりがな廃止論」が生まれる背景には、この感覚がある。ふりがななんて、おまけ、添え物、脇役だから、廃止してもかまわない、ということになるわけである。

「ふり漢字」「ふりアルファベット」だってある

こう考えてくれば、ひらがなの（オトとしての）「本線」を、視覚的にも「本線」とし、「本文」とすれば、脇に漢字が「ふられる」ことも可能であって、実際にそういう表記も存在し、これを

「ふり漢字」と呼ぶこともできる。

さらに、ローマ字やアルファベットを文字として、視覚的な「支線」につかえば、それは「ふりローマ字」「ふりアルファベット」となる。「ふり梵字（サンスクリット語の表記につかわれる文字）」「ふりアラビア文字」だって可能である。日本語の本文に手話の絵記号を添えた絵本が実際にある。「ふり手話」とでも言おうか。絵文字を、一般の文字列と並べて表示できれば「ふり絵文字」もあるかもしれない。

また、当然のことであるが、「本文」が、アルファベットなどで書かれた日本語以外の言語の、単語表記であって、それにカタカナのルビがつけられていることもある。英語の歌詞にカタカナでふりがなを書きそえる、ということも可能である。そうなってくると、どちらが「（オトとしての）本線」なのかも問題になるかもしれない。

視覚的な「支線」も一本とは限らない。いくつかあってもよいのである。「本文」の両側に、たとえば音読みと訓読みがそれぞれ添え書きされているような表記例は、日本語の資料としては、それほど珍しいものではない。この場合には、音読みのほうが「（オトとしての）本線」であるのが、一般的であろう。

ふりがなは、原理的には以上のようなものであるが、以下では、たて書きでは「本文」の右に、よこ書きでは「本文」の上に添えられる、主としてひらがなのふりがなを念頭に置いて述べることにする。

四　現代のふりがな

漢字制限と、ふりがなの廃止

敗戦後、現代仮名遣いや、一般につかう漢字の数や読みかたを制限する言語施策がおこなわれて、教科書も新聞も、基本的にふりがなをつかわなくなった。

これは、日本語の表記において「支線」を認めない、少なくとも「支線」があることを標準的なものとしない、ということである。そして「本線」は「漢字ひらがな交じり文」だとされた。

その前提として、一般につかわれる漢字の数を制限し、さらにその漢字の「読み」の範囲を限定した。送り仮名のつけかたや、教科書につかわれる漢字の学年配当も決められた。だから、教科書にふりがなは不要になった。つまり、漢字制限とふりがなの不使用とは、表裏一体だったのである。

どっこい、ふりがなは生きている

敗戦後も、漫画では「総ルビ」が一般的であったし、現在も優勢であろう。

読めなければ売れない、からである。週刊少年漫画誌が発行されるまでは、貸し本漫画が主流であった。辞書をひかないと読めないような漫画が借りられるはずがない。教科書のように読む学年、年齢が限定されているわけではない。というよりも、限定されては困る。幅広い年齢の子どもに読まれるものが望ましかった。週刊少年漫画誌が爆発的に売れた要因のひとつは、基本的に「総ルビ」であったことである。

漢字が読めなくても、読める。むしろ、「総ルビ」で漢字を覚えたのである。

その中でつちかわれた、ふりがなを修辞的につかう能力は、たとえば小説の表現や、広く歌われた歌の、歌詞に発揮されていたり、広告の表現に生かされていたりする。

ふりがな不使用という「たてまえ」と、「総ルビ」という「ほんね」が共存していた、と言ってもよい。多くの出版物は、その間のどこかにあって、最小限必要なものにふりがなをつける、というものから、「パラルビ」とはいうものの、大部分の漢字にふりがながついている、というものまで多様であるが、一般的には、より公的なもの、あらたまったものほどふりがなが少ない。

たてまえが、くずれてきた

ふりがな不使用の前提であった漢字制限は、しだいにくずれつつある。常用漢字は、二〇一〇（平成二二）年の改定でかなりふえた。都道府県名につかわれている漢字や、動物をあらわす漢字をふやした。人名用漢字は、大幅にふえてきている。もともと戸籍に登録するのに、つかえる文字に制限はあっても、漢字の「読み」には制限がなかった。そのうえに、つかえる漢字がふえているのである。パソコンやスマホのようなＩＴ機器で使用される「ＪＩＳ漢字」は、第一水準・第二水準だけでなく、第三水準や第四水準までふつうにつかえるようになっている。現在つかわれている

「ＪＩＳ漢字」は、主としてＪＩＳＸ０２１３で、常用漢字をふくむ「第一水準」が二九六五字、「第二水準」が三三九〇字、かなり使用頻度の低いものとして「第三水準」が一二五九字「第四水準」が二四三六字で、合計約一万字（一〇〇五〇字）である。それぞれに理由はあるのだが、全体として見たとき、漢字の制限をどんどんゆるめる方向にあると感じられる。

特に、『常用漢字表』の改定（平成二二年一一月三〇日内閣告示第二号）で、「私」に「わたし」という「読み」が認められたのには驚いた。ついに、漢字表記だけでは「読み」が確定しなくなったのである。

語形にゆれがあることがある。「にほん」と「にっぽん」は、「日本」と漢字表記される語の、ふたつの音声形である。「わたし」「わたくし」も、これと同じことのように思えるかもしれないが、「わたし」「わたくし」のどちらの語形も、漢字一字で一語としてよくつかわれるものでありながら、つかわれかた（文体的な意味）が微妙にことなるために、より問題が大きい。

「一本」は「いっぽん」、「二本」は「にほん」、「三本」は「さんぼん」で、語形には「ゆれ」がない。つまり、漢字「本」に「ほん」「ぽん」「ぼん」という三とおりの「読み」があるが、多くの語ではそのどれかに確定する。語形がゆれていてしかもどちらでもよい「日本」は、かなり例外的な語なのである。それでも「日本」をふくむ語の中には、確定はできなくとも、たとえば「日本銀行」は「にっぽんぎんこう」が正式と考えられるように、どちらの可能性が高いか、推測できるものがかなりある。それに対し、漢字表記「私」の「わたし」「わたくし」というふたつの語形については、文体的な意味の差があるため、この漢字が出てくるたびに、どちらで読むべきか悩まされることになる。

かつての「たてまえ」では、「私」は「わたくし」と読むはずで、ひらがなで「わたし」とするか、「私」に「わたし」とふりがなをつけないと、《ワタシ》と音声化できないはずだった。しかし、実際には「私」で「わたし」と読む、あるいは読ませたい人が多かったので、それを追認したということのようである。

ここまでゆるめたのなら、ふりがなをつかうようにするのが筋というものではないか。『常用漢字表』に、「私」という漢字を「訓読み」でつかうときは、ふりがなをつけよ、という但し書きをつけるべきである。

五　固有名は読めない

「幸子」は、「さちこ」？「ゆきこ」？

筆者は、長年、日本語を母語としない留学生を対象として、日本語学習のための科目を担当してきたが、新聞記事を教材として読ませるたびに、留学生だけでなく、教師の側が読めない例に悩まされてきた。たとえば記事中に「〇〇幸子」という人物名があると、ある程度日本語というか日本人名に慣れている学生は「ゆきこ、ですか？　さちこ、かな？」と教師に聞くことがある。「たぶん、ゆきこかさちこのどちらかだと思います。」としか答えようがない。歌手の小林幸子なら間違いなく「さちこ」だと言えるのだが。地名や会社名は調べればわかるが、それでもなかなか即答できないことがある。

近年「キラキラネーム」「DQN（どきゅん）ネーム」とも呼ばれる、読みにくい、子どもの名前が話題になる。人名の下の名前（パスポートの用語で「given name」とされているもの）は、現在の戸籍法では、つかうことができる文字は限定されている。ひらがな・カタカナ・繰り返し符号・漢字の一部（常用漢字と人名用漢字）だけで、アルファベットはつかえない。しかし、漢字の「読み」には何ら制限がない。そのため、読みにくい名前が多く生まれているという側面はある。

かなりの漢字には「名乗り読み」（一般的には単に「名乗り」と呼ばれることが多いが、漢字の「読み」ということを明示するために「名乗り読み」としておく）というものがある。たとえば「浩」「宏」「洋」などを「ひろし」「ひろ」などと「読む」ような読みかたである。訓読みの一種とも言えるものであるけれども、人名以外にはほとんど適用されない読みかたである。古くから名乗り読みを集めた書籍があり、『大漢和辞典』でも出典は明示されないまま名乗り読みが示されている。「義経」は、なぜ「よし」「つね」なのか理由はよくわからないまま、現代でも人名では「義男【よしお】」「経則【つねのり】」のように、「義」を「よし」、「経」を「つね」と読ませている。

名乗り読みの考えかたは、要するに、実際につかわれた例があれば、そう読んでいい、ということである。つまり、昔から「キラキラネーム」はあったのだ。特に、有名な人物名につかわれていれば、それにあやかる名も多くなって、その名乗り読みが漢字の読みとして当たり前になる。現代の「キラキラネーム」も、いずれ人気の名乗り読みとなるかもしれないわけだ。

「中島」は「なかしま」？「なかじま」？

名前の上の部分、名字（パスポートの用語で「surname」とされているもの）には難読のものがあることはよく知られている。何しろ日本の名字はおそらく二十万ほどあると言われ、新聞やテレビで、生まれて初めてだと思われる名字に接することが毎日のようにある。しかし、ありふれていて読めて当然と思われる名字であっても、本当に正しく読めているかどうかはあやしい場合がある。

成田（二〇一七）で、日本の名字約一万種類について、もっとも多くつかわれている漢字が「田」であることを確かめた。たとえばこの「田」がつかわれている名字には、「太田【おおた】」「成田【なりた】」のように「た」と読むのがふつうと思われる名字、「山田【やまだ】」「吉田【よしだ】」のように「だ」と読むのがふつうと思われる名字がある。そして、「富田【とみた／とみだ】」「中田【なかた／なかだ】」とか「角田【かくた／かくだ】」（角田光代【かくた・みつよ】作家／角田信朗【かくだ・のぶあき】格闘家・タレント）、「高田【たかた／たかだ】」（高田明【たかた・あきら】ジャパネットたかた創業者／高田純次【たかだ・じゅんじ】タレント）、「羽田【はた／はだ】」（羽田孜【はた・つとむ】政治家／羽田圭介【はだ・けいすけ】作家、羽田美智子【はだ・みちこ】女優）のように、どちらもあると思われる名字もある。

また、他の漢字にも「田崎【たさき／たざき】」（田崎真也【たさき・しんや】ソムリエ／田崎史郎【たざき・しろう】政治評論家）、「中島【なかしま／なかじま】（中島美嘉【なかしま・みか】歌手・女優／中島健人【なかじま・けんと】タレント）のように、清濁のどちらもあると思われる名字がある。さらに「羽生【はにゅう／はぶ】」（羽生結弦【はにゅう・ゆづる】スケーター／羽生善治【はぶ・よしはる】棋士）のような、複数の読みかたが存在するアナウンサー泣かせの名字もある。

清濁については、地域的なかたよりがありそうである。日常出会う人がどちらかしかいないせいで、初めての人もそれに合わせてしまう可能性がある。つまり、まわりに「なかじま」しかいないと、初めて会った「なかしま」さんも「なかじま」と呼んでしまう、ということである。また、オトのつながりに制約があるかもしれない。たとえばラ行音の後は濁音になりにくい傾向があるようだ。「浦田、倉田、村田、成田、栗田、森田、鶴田、春田、古田、白田、広田、室田」は、「た」と読むのがふつうと思われる名字である。しかし、例外もあって、「原田、黒田」は「だ」と読むのがふつうと思われる名字である。国勢調査結果が公表されていないので、名字の読みについては、わからないことが多い。

名古屋人でも「土古」は読めない

地名にも難読のものがたくさんある。約100名の学生を対象に「寒河江、栗東、茨木、太秦、木更津、斑鳩町、杵築、道頓堀、富津」、そして名古屋に関連して「御器所、土古、鶴舞公園、杁中」の読みかたを聞いてみたことがある。名古屋生まれ・名古屋育ち、あるいは名古屋に縁のある学生も多くいるはずなのに、「土古」の正解率が最低で、正解者はほとんどいなかった。「御器所【ごきそ】」は名古屋の難読地名の代表的なもので名古屋市営地下鉄の駅もあり、まずまず知られていた。「鶴舞公園【つるまこうえん】」は、厳密には「施設名」と言うべきで、最寄りのＪＲと市営地下鉄の駅名では「つるまい」なのに、公園は「つるま」というカタチを残しているおもしろい例である。勘の良い学生は、わざわざ「～公園」としたから「つるまい」ではない、と考えたようであった。「杁中【いりなか】」は、笹原宏之【ささはら・ひろゆき】（二〇一三）の言うところの「方言漢字」に該当する「杁」がつかわれていて、知らないと読めない。市営地下鉄の駅名は、そういったことを配慮してか、ひらがなで「いりなか」となっているが、市バスの行き先表示には漢字がつかわれている。「土古【どんこ】」は、（近い将来移転する予定の）名古屋競馬場近くの地名で、付近には鉄道や地下鉄の駅もないので、近所に住んで知っているか、通りかかって市バスの降車案内を聞くとか道路標識のローマ字表記を読むとかしないとわからない、知る人ぞ知る地名である。

その他は「寒河江【さがえ】、栗東【りっとう】、茨木【いばらき】、太秦【うずまさ】、木更津【きさらづ】、斑鳩町【いかるがちょう】、杵築【きつき】、道頓堀【どうとんぼり】、富津【ふっつ】」である。道頓堀の正解率が高かった。

当然のことなのだが、地元の地名でも知らなければ読めない。一方、「八ッ場【やんば】」がそうであったように、どこの地名であっても、事件などで話題になり、テレビの音声や新聞のふりがなによって読みかたが広く知られるようになれば、読めるようになる。とは言っても、「八ッ場【やんば】」は、もう忘れられかけているかもしれない。

学校名や会社名のような組織の名称にも難読のものがたくさんある。創始者の人名とか、つくられた地域の地名が、名称にふくまれていることも多いので、もともと難読の人名・地名であれば、当然難読となる。

おわりに

理想は「総ルビ」

日本語は長い年月にわたって、漢字と悪戦苦闘してきた。その中で漢字を日本語のオトを明示するためにつかう工夫をし、ひらがな・カタカナを生み出した。さらに、それを漢字に添え書きする、ふりがなという大発明をした。この大発明を生かさない手はない。その意味で、筆者の理想としては、教科書や新聞・雑誌、公文書の「総ルビ」化を推進してほしい。畏友、田中政幸【たなか・まさゆき】は、田中（二〇〇六）（二〇〇七あ）（二〇〇七い）（二〇〇九～一三）と、一貫してルビをつけることを推奨している。筆者も、視点や立場は少しちがうけれども、ルビをつけることには基本的に賛成である。「総ルビ」の文章を作成するのは、手書きだとかなり面倒な作業となるが、ＩＴ機器を使用する前提に立てば、ソフト開発は、さほどむずかしいこととは思われない。現在でも、基本的には、仮名かローマ字かで入力して自動で仮名変換して、それから漢字変換しているのであるから、仮名かローマ字かで入力したものをそのままルビにするのであれば、さほど大変ではないだろう。

また、「総ルビ」から、たとえば『常用漢字表』で認められている音訓で使用されている常用漢字のルビを、自動的にはずす、といった操作ができるようになれば、自分の好みの程度にルビを使用した文章作成ができるかもしれない。

せめて固有名にはふりがなをつけよう

現在は「パラルビ」の時代である。すぐに「総ルビ」にするのは、むずかしいかもしれない。そこで、現実的な方法として、せめて固有名にはふりがなをつけてほしい。それも、せめて初出のところでは、たとえ誰でもが読めると思われがちな「鈴木一郎」のような人名でも、「名古屋」という地名でも、**【すずき・いちろう】【なごや】**という読みを示してほしい。

わたしたちは、いつの間にか、ルビがなければ「ふつうの読みかた」をするものだ、と習慣づけられている。しかし、「幸子」の「さちこ」「ゆきこ」のように、複数「ふつうの読みかた」が想定できる場合もあるし、そもそも何が「ふつう」かは、かなり主観的である。ふりがなが示されれば、前提知識のない人でも、間違いなく読める。

意味がわからなくても音声化できる、ということは重要なことである。小さいころに覚えた歌の歌詞の意味が、後にわかるという体験は、誰しもしたことがあるのではないか。ふりがながあれば、オトとして聞かなくても音声化して覚えられる。しかも、日本語の現代仮名遣いは、オトとの対応関係がわかりやすい。現代英語の文字とオトの関係を考えれば、日本語の現代仮名遣いは、それよりはるかにすぐれている。文字言語としての日本語を習得し始めた子ども、日本語を母語としない人、しだいにさまざまなことを忘れていく老人にとって、ふりがなは大きな味方なのである。せめて固有名にはふりがなをつけよう。

参考文献

金文京【きん・ぶんきょう】（二〇一〇）『漢文と東アジア―訓読の文化圏』岩波新書新赤版１２６２

今野真二【こんの・しんじ】（二〇〇九）『振仮名の歴史』集英社新書０５０１Ｆ

笹原宏之【ささはら・ひろゆき】（二〇一三）『方言漢字』角川選書５２０

白石良夫【しらいし・よしお】（二〇〇八）『かなづかい入門　歴史的仮名遣ｖｓ現代仮名遣』平凡社新書４２６

高島俊男【たかしま・としお】（二〇〇一）『漢字と日本人』文春新書１９８

田中政幸【たなか・まさゆき】（二〇〇六）「ルビを付けよう」（私立短期大学図書館協議会『短期大学図書館研究』第二五号　三九～四三頁）

田中政幸（二〇〇七あ）「ルビを付けよう（二）」『名古屋文化短期大学研究紀要 第三二集』五八～六二頁

田中政幸（二〇〇七い）『「食と文学」論　付源氏物語・日本語教育小考』　真珠書院（「ルビを付けよう」「ルビを付けよう（二）」を、所収）
田中政幸（二〇〇九）「ルビを付けよう（三）」『名古屋文化短期大学研究紀要　第三四集』五九～六四頁
田中政幸（二〇一〇）「ルビを付けよう（四）」『名古屋文化短期大学研究紀要　第三五集』四一～四六頁
田中政幸（二〇一一）「ルビを付けよう（五）」『名古屋文化短期大学研究紀要　第三六集』五八～六二頁
田中政幸（二〇一二）「ルビを付けよう（六）」『名古屋文化短期大学研究紀要　第三七集』六九（一）～六二（八）頁
田中政幸（二〇一三）「ルビを付けよう（七）」『名古屋文化短期大学研究紀要　第三八集』五六（一）～四七（十）頁
成田徹男【なりた・てつお】（二〇一七）「日本の苗字の漢字の特徴」（名古屋市立大学大学院人間文化研究科　『人間文化研究』第二七号一四三～一五五頁）
野間秀樹【のま・ひでき】（二〇一四）『日本語とハングル』文春新書９７３
屋名池誠【やないけ・まこと】（二〇一三）『横書き登場　日本語表記の近代』岩波新書新赤版８６３
山本有三【やまもと・ゆうぞう】（一九三八）『ふりがな廢止論とその批判』白水社

＊コラム＊

平安時代の人名と当て字

手嶋　大侑

筆者の名前は「手嶋大侑」と書き、【てしま・だいすけ】と訓む。「手嶋大侑」という名前は、社会・コミュニティーのなかにおいて筆者を特定する重要な要素となる。改めて言うまでもないが、名前はそれを持つ人のアイデンティティなのである。

多くの日本人にとって、名前は漢字で表記される。しかし、訓みが同じ名前でも漢字が一文字でも違えば、その名前は別人の名前になる。たとえば、「手嶋大輔」と書いて【てしま・だいすけ】と訓む名前の人がいるとしよう。「この「手嶋大輔」と筆者（手嶋大侑）は同一人物ですか」と聞かれた場合、ほぼすべての人は別人だと答えると思う。同じ訓みでも漢字が違えば別人の名前。こうした感覚は、現代日本人にとって至極当然のものになっていると言えよう。

ところで、日本古代・中世の古文書・文献などを読んでいると、昔の人たちは、名前に対して、私たちとは違う感覚を持っていたのではないだろうかと思うことがある。このコラムでは、筆者が研究を進めるなかで出会った、こうした疑問を出発点に、〝人名の漢字表記〟について話を進めていきたい。

まずは、本コラムの主役を紹介しよう。その人物とは、平安時代中期を生きた中原成通【なかはらの・なりみち】という下級官人である。この名前を聞いてピンとくる人はほとんどいないだろう。歴史研究者でも知らない人のほうが多いのではないかと思う。しかし、彼は私に本コラムの内容を考えるきっかけを与えてくれた人物であるので、知名度の低さには目をつぶり、彼を主役として扱うことにしたい。

平安時代中期の歴史を知る主要な史料の一つに、貴族の日記がある。成通は、これらの日記のなかで、明法道《みょうぼうどう》に精通した人物として、また、上級貴族の藤原実資【ふじわらの・さねすけ】・資平【すけひら】親子に仕える人物として登場する。

幸運なことに、成通が仕えた藤原実資の日記『小右記《しょうゆうき》』は写本が現存しており（自筆本は残っていない）、その内容を知ることができる。『小右記』を見ると、実資は成通のことを「成通」と表記していたことが知られる（一〇二四（万寿四）年四月二一日条など）。

当時、甲人が乙人と主従関係を結ぶ時、従者となる者（甲）は主人になる者（乙）に対して「名簿」【みょうぶ】【なつき】なるものを提出する慣例があり、その「名簿」には従者になる者の名前が記載されていた。すると、実資は成通から「名簿」を受け取っており、それによって、実資は「成通」という名前の漢字を知っていたと考えられる。こう考えると、「成通」という漢字が正しいことになる。

ところが、『小右記』とは違う史料に、「成通」とは違う漢字で記される事例がある。そうした事例の一つが、近江国【おうみのくに】の住人である祈円【きえん】が藤原資平家に提出した書状（「僧祈円解」）である。この書状には、「右衛門志成道」という人物が登場するが、詳しく調べていくと、どうもこの「成道」は中原成通のことだと理解されるのである。現代の常識からすれば、名前の漢字が違うので、「成道」＝中原成通とする理解に疑問を抱くだろう。しかし、そう理解しなければ、祈円の書状を整合的に解釈できないのである。

もう一つの事例を紹介しよう。源経頼【みなもとの・つねより】の日記『左経記《さけいき》』の一〇二八（長元元）年八月一六日条には、次のような記事がある。

右衛門志済道、従美濃中老母重煩之由。

右衛門志【うえもんのさかん】済道【なりみち】が、美濃国【みののくに】から、年老いた母が重病であることを申してきた。

この記事と比較してもらいたいのが、同じ日の『小右記』の記事である。

追討忠常等使右衛門志成通、従美濃国言上八旬母煩病、俄有万死一生告之由云々。

追討忠常等使の右衛門志成通が、美濃国から、八〇歳の母が病気を煩い、危険な状態にあることを言上してきたそうだ。

右に掲げた『左経記』と『小右記』の記事が、同じ事柄について記述していることは一目瞭然であろう。そして、『左経記』の「済道」が中原成通を指していることも明らかである。成通は「済道」と表記される場合もあったのである（ちなみに、「済」の字は【なり】と訓むことができるので、「済道」でも【なりみち】と訓める）。

先述したように、成通の正しい漢字は「成通」だと考えられる。となると、祈円の書状や『左経記』の表記は、【なりみち】という訓みに合致する漢字を当てた、いわゆる「当て字」ということになろう。人名の当て字、これは現代人にとって馴染みの無い行為である。

そもそもなぜ、祈円や経頼は当て字をしたのだろうか。この問いに対してヒントになるのは先の『左経記』の記事である。実は、先の記事は、経頼が藤原重尹【ふじわらの・しげただ】という人物から聞いたことを記した伝聞記事であり、この点から、おそらく経頼は、重尹から「右衛門志の【なりみち】が…」ということを聞いて日記に記そうとしたが、【なりみち】の漢字がわからなかったので、仕方なく【なりみち】と訓む「済道」という漢字を当てたものと考えられる。祈円の場合も、【なりみち】という訓みだけ知っていて漢字がわからなかったので、「成道」と表記したのだろう。

ここまで述べてきたように、中原成通は「成通」「成道」「済道」と多様に表記されていたが、当時の人たちは、いずれの表記であっても、それが中原成通を指すものと理解していたと思う。なぜなら、当時の社会においては、名前のほかに官職名も個人を特定する要素であったからである（現代の研究者が人物を特定する場合にも官職名は重要な指標となっている）。中原成通の場合で言えば、「右衛門志」という官職である。こうした目線で先の事例を見ると、祈円は「右衛門志成道」と、経頼は「右衛門志済道」と記している。「右衛門志」＋【なりみち】、この組み合わせで中原成通を特定できたのである。

平安時代に限らず、日本の古代・中世においては、〝名前に当て字を使用する〟という現代では行わない行為が、しばしば行われていた。昔の人が持っていた名前に関する感覚は、私たちとは違っていたのである。

第二章　言語のリズム、歌のリズム

吉田　千寿子

はじめに

近年、日本には世界の国々から大勢の観光客が訪れるようになった。また、在留者も増え、日本の総人口の二%にあたる約二百六十四万人もの人々が各地で生活している（二〇一八年六月末現在）(1)。これは名古屋市の人口約二百三十二万人（二〇一八年十月一日現在）(1)をも上回る数である。

言語や習慣が異なるなかで、彼らは一体どうやって暮らしているのだろうか。留学経験がある者ならわかることだが、異文化に接する楽しさや外国語で意思疎通ができる喜びに包まれる一方で、慣れない日々の生活は緊張の連続である。スーパーではラベル書きを理解するだけでも時間がかかるし、交通機関を利用する際は表示やアナウンスに常に注意を払わねばならない。特に病気やトラブルなどの非常時には、言葉がわからなければ命の危険にさらされることもある。

一九九二年、愛知県立旭丘高校二年の服部剛丈【はっとり・よしひろ】さん（当時十六歳）が留学先の米国ルイジアナ州で射殺された事件を皆さんはご存じだろうか。筆者には今も忘れられない生々しい記憶である。当時の報道によれば、ハロウィーンで訪れた住宅の敷地内で住人男性に「Freeze [fri:z]（動くな）」と警告されたが、「Please [pli:z]（どうぞ）」と聞き間違えて前に進み、胸を撃たれてしまったとされる。語頭の [p] と [f] の違いはもちろんこと、[r] と [l] は日本語では同じラ行の子音であり、聞き分けも発音も難しい。もしもこのことが原因だとしたら、ほんの小さな音の違いが生んでしまった悲劇だといえるだろう。銃社会の国での極端な例ではあるが、日本で暮らす異国の人々も同様に、不安やもどかしさを感じながら暮らしているに違いない。

人は何か情報を伝え、意志の疎通を図りたいときなど、一般に「音声による話し言葉」によってコミュニケーションを行う。（一）「話したい内容」があり、（二）「表現（語や文型）」を選んで、（三）「音声」に出して伝えるというプロセスをたどるわけだが、仮に（一）（二）が整っていたとしても、音声に問題があれば伝わらないこともある。

音声はコミュニケーションの成立を握る最後の鍵である。そこで、まず日本語を学ぶ人々の発話音声について取りあげ、伝わらない原因は何か、また伝えるにはどうしたらいいか、その改善策を探っていきたい。

一　伝わらない日本語

音声とは

音声とは「人間が音声器官を通じて、話し言葉として発する音」（『大辞泉第二版』）のことである。音声が伝えるのは「言語的情報」（言葉の意味）だけではない。話者の感情や心的な態度といった「パラ言語的情報」（例：疑い、感心、からかい）、話し手個人にかかわる「非言語的情報」（例：性別、年齢、出身地）など、多くの情報が含まれている。一度も会ったことがなくても、電話の向こう側の相手がおおよそイメージできるだろう。音声には次の二つのレベルがある。

単音レベル：母音、子音
韻律レベル：リズム、アクセント、イントネーション、ポーズ、テンポなど

リズムは日本語学習者に共通の課題

「単音レベル」では前述の服部君事件のように、学習者の母語にはない音があったり（例：拍手↓「あくしゅ」のように聞こえる）、たとえあったとしても対立のありようが異なるために伝わらなかったり（例：東海↓「どうかい」のように聞こえる）など、さまざまな問題が生じる。また、意味

は通じても不自然に聞こえて、話し手のイメージが損なわれる場合もある（例：数→「かじゅ」のように聞こえる）。母音と子音は数や種類が言語によって異なるため、問題は多種多様である。共通する特徴もあるが、基本的には学習者の言語ごとに検討しなければならない。

「韻律レベル」は「長さ、高さ、大きさ、音質」という四つの要素から生み出される、単音以外の音声的な特徴である。なかでも長さがかかわるリズムは「建築の土台」ともいえる重要な特徴だが［鹿島　央（二〇〇二a）］、母語を問わず日本語学習者に共通の課題がある。

皆さんは次のような会話について、どう思うだろうか（Aは日本語学習者、Bは日本語母語話者をあらわす）。

（一）　A「きのう、きょといきました」
　　　　B「？・？・？」

（二）　A（写真を見せながら）「これは、しゅうじんです」
　　　　B「えっ、囚人？」

（一）は「京都（へ）行きました」と言いたかったのに、「きょうと」の「きょう」が短くて意味が伝わらなかった例だ。カタカナ表記では「キョー」となることからもわかるように、「う」の部分は「きょ」の母音［o］を伸ばした「長母音」である。しかし、日本語学習者はしばしば「長母音」と「短母音」を混同してしまう。(二) では反対に、「しゅ」の母音［ɯ］が長すぎて、「主人」が「囚人」のように聞こえてしまったようだ。

長母音と同様に、「促音」の有無も混同して発音される傾向がある（例：切って→「きて」のように聞こえる）。また、「撥音」は次の母音に移動して一緒に発音される現象がみられる（例：禁煙→「きねん」のように聞こえる、本を→「ほの」のように聞こえる）。つまり、「kin-en」を「ki-nen」、「hon-o」を「ho-no」のように捉えてしまうのである。

長母音「ー」、促音「っ」、撥音「ん」は「特殊音」と呼ばれる特別な音である。普通の「かな」とは異なり、単独で発音することはできないし、語の最初には現れない(2)。そのため、いつも「かな＋特殊音」というまとまりを持って発音されるわけだが、日本語学習者は一般に、この「かな＋特殊音」の長さのコントロールが苦手なのである。なぜだろうか。長さがかかわるリズムについて考えてみよう。

二　言語のリズム

リズムは等時性から生まれる

リズムというと、皆さんは何を思い浮かべるだろうか。リズムとは一般に「周期的な反復」であり（『大辞泉第二版』）、人が話す言葉や奏でる音楽も、強弱や長短などの規則的な繰り返し（等時性）によって生み出されると考えられている。例えばベートーベンの交響曲第五番《運命《うんめい》》では、冒頭の「ダダダダーン」というモチーフが曲のなかに繰り返し現れ心に刻まれる。

さて、世界には何千もの言語があるとされるが、リズムについては次の三つに大別される。

強勢拍リズム（stress-timed rhythm）：英語、ドイツ語、ロシア語など
音節拍リズム（syllable-timed rhythm）：スペイン語、フランス語、中国語など
モーラ拍リズム（mora-timed rhythm）：日本語

英語などの「強勢拍リズム」の言語は強勢（stress）を持つ音節と持たない音節があり、強勢を持つ音節は強く長めに発音される。例えばmorning（朝）は「morn-ing」と二つの音節に分けられ、ストレスがある最初の音節は強く長く、二番目は弱く短く発音される（○●）。また、強勢を持つ音節間は同じような長さで発音されるという特徴がある。例えば次の二つの文では音節数に関係なく、線で区切られた区間がほとんど同じ長さで話されるのだ（大文字は強勢をあらわす）。この発話区間は「フット」（foot）と呼ばれ、英語における等時性の単位となっている。

the ｜ MORN-ing she was ｜ BORN was ｜ BEAU-ti-ful.
the ｜ MORN-ing she was ｜ BORN wasn't very ｜ BEAU-ti-ful.

「音節拍リズム」の言語は読んで字のごとく、等時性の単位が音節である。音節（syllable）とは「それ自身のなかには切れ目がなく、その前後に切れ目の認められる単音または単音の連続」をいう［服部四郎（一九八四）］。例えばスペイン語で朝を意味するmañanaは「ma-ña-na」と三音節に分けられ、ストレスがある二番目の音節がやや強く長めに発音される（●○●）。

このように、強勢拍、音節拍リズムの言語は等時性の単位こそ異なるものの、そのもとになっているのは音節である。これらに対して、「モーラ拍リズム」の日本語は「モーラ[3]（または拍）」という全く別の単位が等時性のもとになっていると考えられている。例えば、名古屋の食文化として有名な喫茶店のモーニング[4]は「モ・ー・ニ・ン・グ」と五つのモーラに分けられ、それぞれの長さが概ね等しく発音されるという（この感覚を「拍感覚」という）。もしも、こうした感覚のまま日本語母語話者がmorningと言ったなら、英語母語話者は不自然に感じることだろう。

前述の日本語学習者に共通の課題も、以上のようなリズム感の違いが一因であると思われる。今から日本語のリズムについて詳しくみていこう。日本語の特徴を知ることは、外国語を学ぶ日本語母語話者にも必ず役に立つはずだ。

拍感覚に基づく指導の限界

日本語は、かな一文字（拗音は「きゃ、きゅ、きょ」など二文字）が「凡そ同じくらいの長さに発音される」［神保　各（一九二七）］と考えられ、特殊音にも一モーラ分の長さがあるとされている。

例えば「切って（きって）」「京都（きょうと）」「記念（きねん）」は皆三モーラの語だということができる。

日本語教育では、この考え方に基づいてリズム指導が行われてきた（「拍感覚の養成」と呼ばれる）。例えば「京都」なら「きょ・う・と」と三つに区切り、モーラごとに手を叩いて発音練習を行う。しかし、この方法では上手くいかず、前述の「きょと」のような誤りが今も繰り返される傾向にある。リズムを捉える単位が異なる日本語学習者には、「きょ」と「きょう」の長さの違いがよくわからないのである。

ところで、日本語母語話者は実際のところ「きょ・う・と・へ・い・き・ま・し・た」などと話しているものだろうか。個々のモーラではなく、「きょう・とへ・いき・まし・た」のように「二モーラのまとまり」を感じているのではないだろうか。［別宮貞徳（一九七七）］でも、このまとまりが「日本語でいちばん自然で発音しやすい単位だ[5]」と述べられている。これは「名《めい》・フィル」（名古屋《なごや》フィルハーモニー交響楽団《こうきょうがくだん》[6]）、「ビリ・ギャル」（『学年《がくねん》ビリのギャルが1年《ねん》で偏差値《へんさち》を40上《あ》げて慶應大学《けいおうだいがく》に現役合格《げんえきごうかく》した話《はなし》』[7]）など、略語にもよくみられることである。

リズムの体系化

発音指導に話を戻すと、日本語学習者は「きょと」の例のように、自分では誤りに気づかないことが多い。また、例えば皆さんが「『きょと』？　ああ、『きょうと』ね。『きょうと』の『きょう』はもっと長く言いますよ」などと助言し、その場では修正できたとしても、後日また同じ誤りを繰り返してしまうだろう。なぜなら、どの程度長く言ったらいいかわからないし、自分でどうやって練習したらいいかも示されていないからである。もっとわかりやすい方法はないものだろうか。

そもそも「きょう」は「かな（拗音）＋特殊音（長母音）」であり、切り離して発音することができない。また、前述のとおり学習者は皆、音節という概念を持っている。そこで、モーラ単位では理解しにくい長さを「特殊音を含む二モーラ一単位の『音節』」だと捉えて指導しようとする動きがみられるようになった。その一例として、［鹿島　央（二〇〇二a・b）］が挙げられる。

鹿島は語のリズムを構成する単位を「リズムユニット」と名づけ、一モーラ分の音節量[8]を持つ「リズムユニット1」（短）と、二モーラ分の音節量を持つ「リズムユニット2」（長）があると仮定した。そして、この単位の「配置特徴（長短の組み合わせ）」によって分類し、「リズム型」に整理した（表一）。表一は五モーラ語までだが、この考え方に従えば、語のリズムは全て「型」で呼べることになる（リズムの体系化）。

リズム型	構成	モーラ数
1型（短）	リズムユニット1	一モーラ
2型（長）	リズムユニット2	二モーラ

表一　リズム型

12型（短長）	リズムユニット1＋2	三モーラ
21型（長短）	リズムユニット2＋1	三モーラ
22型（長長）	リズムユニット2＋2	四モーラ
121型（短長短）	リズムユニット1＋2＋1	四モーラ
122型（短長長）	リズムユニット1＋2＋2	五モーラ
212型（長短長）	リズムユニット2＋1＋2	五モーラ
221型（長長短）	リズムユニット2＋2＋1	五モーラ

各ユニットの詳細は次のとおりである（C：子音、V：母音、M：特殊音、CはCy（拗音）を含み、（C）は子音の有無が選択できることをあらわす）。

リズムユニット1：（C）V　（例：あ、きょ、し、た、と）
リズムユニット2：（C）V（C）V　（例：あし、きょと）
（C）VM　（例：きょう、きっ、きん）

「リズムユニット2」には「かな＋かな」と「かな＋特殊音」の二種類が考えられるが、これは例えば「あし・た」の「あし」と「きょう・と」の「きょう」が同じぐらいの長さだということである。そして、「あし・た」「きょう・と」「きっ・と」「きん・し」は皆同じ21型だということができる（同定）。また、誤用の「きょと」は2型であり、「きょう・と」の21型とはリズム型が全く異なることもわかる（識別）。

このように、リズム型は辞書など引かなくても「かな書き」から容易にわかり、全ての語が規定できて画期的である。規定方法もシンプルだ。（一）特殊音があれば、まずそれを含む音節、（二）なければ語頭から順に二モーラずつまとめていき、（三）余りは一とする。

リズム型を取り入れた指導法

ここで、リズム型を取り入れた具体的な指導法を紹介したい。確かにリズム型は画期的だが、「～型」といわれても、具体的なイメージが湧きにくいのではないだろうか。そこで、初級学習者にもわかりすいよう、「きょう」「あした」などの日の呼び方や「おはよう」などの挨拶表現を「リズム型典型モデル」と名づけ、各リズム型の代表例として一緒に紹介することにした（以後「典型モデル」と呼ぶ）（図1）。

典型モデルには「特殊音を含む二モーラ」を多く取り入れ、学習者が苦手な課題に取り組めるようにした。また、「リズムダイアグラム」を使用し、語の「長さの配置特徴」を捉えやすくした（以後、略してRD図と呼ぶ）。

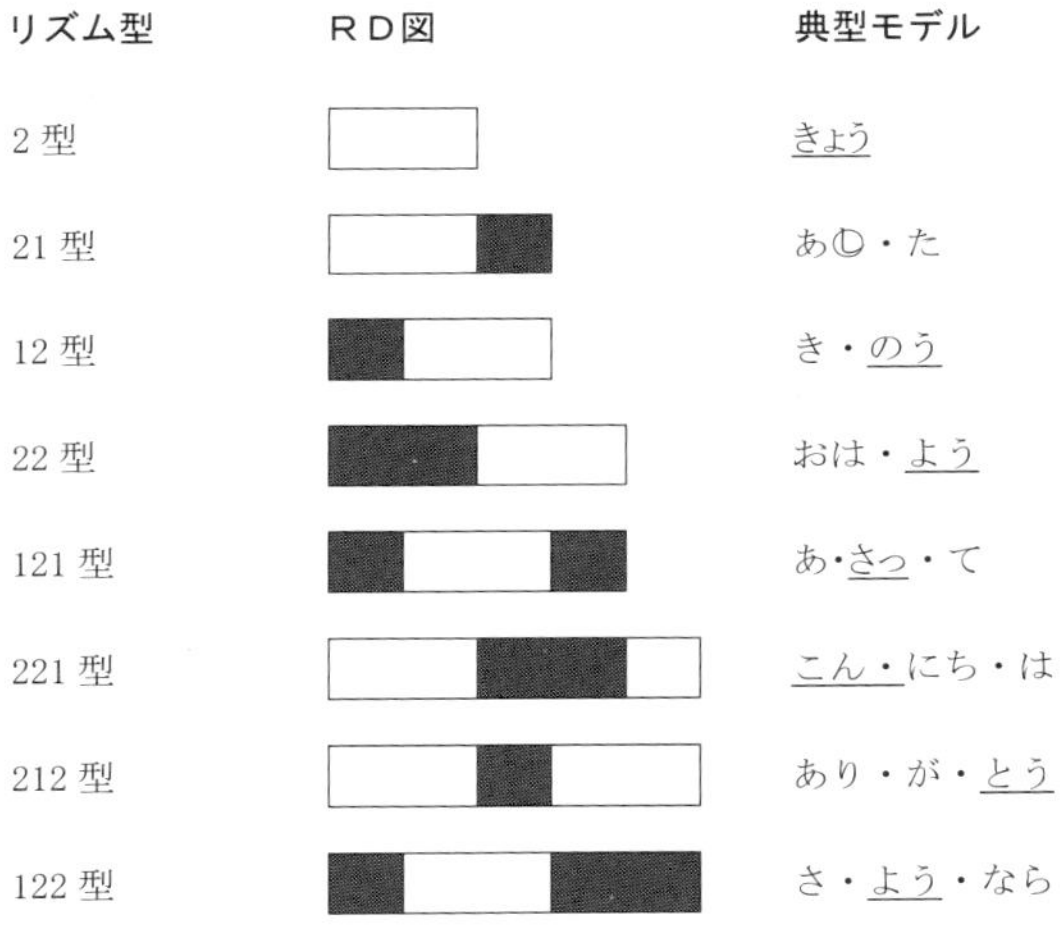

（下線は特殊音を含む音節、〇は母音の無声化をあらわす）

図１　リズム型と典型モデル

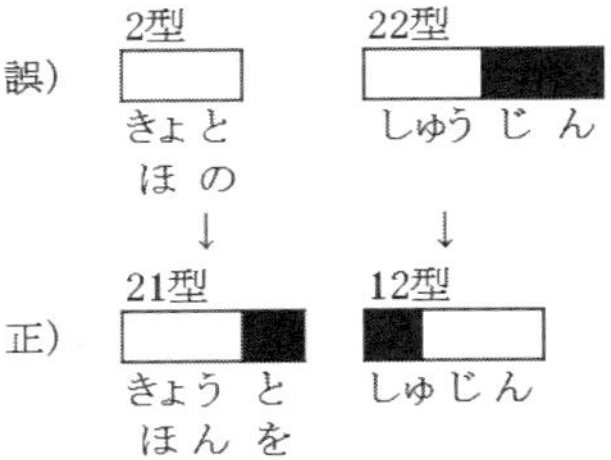

図２　RD図によるリズムの正誤比較

RD図は［鹿島　央（二〇〇二b）］で考案された階段状の表記「アクセントダイアグラム（AD図）」から、語の「高さの配置要素」を除いたもので、二色のマグネットパネルを使い、実際に並べて学ぶ方法が有効だ。自分で並べてみて初めて、本当に理解できているかどうかがわかる。特殊音を含む音節を学習者自身で見つけたり、正誤の違いをはっきりと確認したりすることもできる

（図2）。配色はユニバーサルデザインに考慮し、色覚に障がいのある学習者[9]にも識別しやすいよう、黄と緑のパネルを交互に並べることとした（図1、2では白が黄、黒が緑をあらわす）。

ビデオ教材による学習

リズム型が理解できたら、次のステップは典型モデルの長さの配置特徴が「より正確に実現できるようになること」だ。頭で理解できても実際に発音できなければ机上の空論になってしまう。そこで、「発音ドリルビデオ『おはよう』」を制作して指導する[10]ことにした。画面上に次々と現れる色鮮やかなRD図を見ながら、バックに流れるドラムビートに乗って等速を保ち、発音練習を行う教材だ。このようなビデオによる学習では視覚や聴覚のほか、発音する、身体を揺らすといった運動

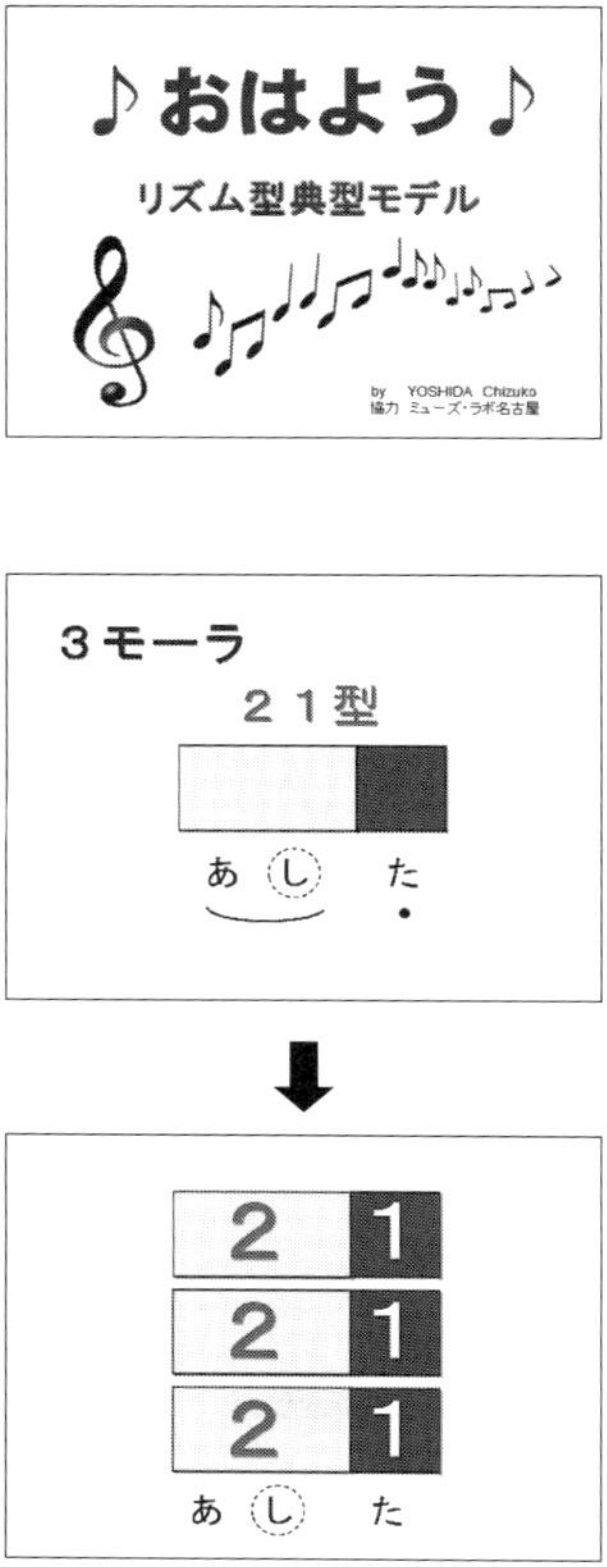

図3　発音ドリルビデオ「おはよう」（表紙と21型の例）

の感覚も大いに刺激される。複数の感覚によるインプットが記憶を促進させ、学習内容がよく定着することが報告されている［池谷祐二（二〇一〇）］［西村裕代（二〇一三）］。

しかしながら、モーラ数の少ない典型モデルは、その一語だけでリズム型を捉えることが難しいと思われた。なぜならリズムとは本来、規則的な繰り返しを伴うものだからである。そこで、長さの配置を意識しながら「休みを入れずに三回連続して発音する方法」を考案し（「連続リピート法」と呼ぶ）、ＲＤ図とともにビデオに取り入れた（例：あし・た（２１型）↓あし・た一あし・た一あし・た）（図３）。三回連続して発音することによって、そのリズム型が浮き彫りになり、長さの配置特徴が明確に捉えられるというわけだ。

典型モデルが上手く発音できるようになれば、ほかの語にも応用して練習できる。例えば、「きょう・と（２１型）」は２１型典型モデルの「あし・た」に続けて同様に三回ずつ発音すれば、短かった「きょう」の長さも適切に実現されることになる（例：あし・た一あし・た一あし・た↓きょう・と一きょう・と一きょう・と）。

筆者が担当している留学生対象の授業でも、リズムに関する誤りが多々みられるが、以上のような方法で効果を上げている［吉田千寿子（二〇一六）］。皆楽しんで取り組み、「きょうは練習しないんですか」などと求められることもあって、なかなか好評だ。

キーワードとなるような重要な語句が口頭でうまく伝わるだけでも大きな一歩である。皆さんも、もし留学生などとのやりとりで伝わらない場面に出あったときには、ぜひ正誤の違いをＲＤ図に書いて示してあげてほしい。きっと喜ばれるはずだ（練習問題：病院／美容院）[11]。また、外国語を学ぶ際は日本語のリズムとの違いをよく理解し、発音に反映させていただけたら幸いである。

さて、次章からは視点をかえて、言語学習に有効だとされる歌について、言語のリズムとの関係を探っていく。

三　歌のリズム

言語学習と歌

音楽には緊張を和らげ意欲を高めるなど、さまざまな効果があるといわれている。なかでも歌詞を伴う歌には、語の記憶を促進させる効果があることが古くから知られており、言語学習に取り入れられてきた（例：英語のアルファベットを記憶する際の《キラキラ星《ほし》》のメロディー）。また、シンプルなメロディーとともに商品名などを消費者に記憶させるといった商業的な目的にも利用されてきた（例：「ホントにホントに」から始まる某サファリパークのコマーシャルソング）。

[Krashen, S. D.（一九八三）]では、こうした歌が頭の中で鳴り響いて止まない現象（the Din in the head）が外国語学習の無意識下のリハーサルになるとし、[Murphey, T.（一九九二）]でも耳に残りやすい歌と一緒に学ぶことで、さまざまな言語要素がよく記憶されると述べられている。歌詞の韻律的特徴がメロディーに反映された歌なら、どんな言語であれ、歌うことによって音声も学べ

て記憶によく残るのではないだろうか。近年では効果も検証されている［Ludke, K. M. ほか（二〇一三）］。

メロディーとは

メロディー（melody）とは「高さや長さが異なる音の連続した進行」であり（『音楽用語ダス』）、「音価」（音符・休符の長さ）と「音程」（二音間の高さの差）によってあらわされる。長さと高さがかかわるという点で、言語におけるリズムとアクセントの関係に似ている。

さて、歌詞（言語）を伴う「歌」を作曲するには、歌詞に沿ってメロディーをつけていく「詞先」と、メロディーを先に作ってから後で歌詞を当てはめる「曲先」という二つの方法があるが、音節の概念を持つ言語では、歌詞の一音節に一つの音符が対応しているのが一般的である。今から、歌詞とメロディーの関係について言語による違いをみていこう。

ストレスアクセントがそのままメロディーに

英語やドイツ語などの強勢拍リズムの言語では、前述のとおり強勢（stress）が置かれた音節が「強く、高く、長く、はっきりと」発音される（「ストレスアクセント」という）。そのため詞先の場合、強勢がある音節の音価をほかの音節より長く、音程を高く作曲すれば、自然にその言語らしいメロディーになる。

例えばクイーン（Queen）の《Bicycle Race》では、曲中に何度もbi-cy-cleが繰り返されるが、イントロなど、強勢の置かれた第一音節のアクセントが大変強調されたメロディーとなっている（○●●）[12]。また、《We Are the Champions》でも、サビの部分で繰り返されるcham-pi-onsのメロディーが同様に作曲されている[13]。歌詞の韻律的特徴がメロディーによく反映されており、英語の発音も学べる良い教材だといえるだろう。

ディズニー映画「アナと雪《ゆき》の女王《じょおう》」の主題歌《Let It Go》が日本でも大ヒットしたり、ビートルズやサイモン&ガーファンクル、カーペンターズなどの懐かしい洋楽で学ぶテキストや、これらの曲をきれいな発音で歌いましょうという教室があったりと、歌による英語の発音学習は身近なものとなっている[14]。

[Gottschewski.H.（二〇〇八）]では、ドイツ語も歌で発音がよく学べるとし、歌唱による学習が奨励され、大学授業での実践も報告されている。ただし、歌で学んだあと、さらに話し言葉に応用して十分に発音練習を行う必要があると述べられている。

以上のようなストレスアクセントに対して、中国語や日本語は「高さが主な働きをする」ピッチアクセントの言語である。なかでも、音節拍リズムの言語である中国語は一音節内で高さが変化する「声調言語」だとされる。中国語の普通話には四つの声調（tone）があり、意味の区別を担っているが、歌詞の声調とメロディーはあまり一致しないことがわかっている［兪　稔生（二〇〇七）］。兪によれば、例えば遊牧民の民謡《草原情歌《そうげんじょうか》》において、声調とメロディーの合致度は五段階評価で二・七程度だということだ。そのため、歌詞の音節の意味と声調をよく学んでから歌を利用する必要があるとしている。

それでは、日本語の歌はどうだろうか。検討する前に、日本語アクセントの基礎知識を学んでおこう。

日本語はピッチアクセント

日本語は「ピッチ（高さ）アクセント」の言語である。共通語では、それぞれの語についてモーラ間の高さの配置特徴が決まっており、「一モーラ目と二モーラ目の高さが異なる」「下降して再び上昇する高低高のようなパターンはない」などの決まりがある。また、高から低への「急激な下がり目」の有無と位置によって四つのタイプに分類される（本稿では【a】【b】【b'】【c】と簡単に記号で呼び、下がり目は「＊」であらわすことにする）。

【a】タイプ：語頭に下がり目がある（例：「か＊ぞく」が）

【b】タイプ：下がり目がない（例「むすこ」が）

【b'】タイプ：助詞や助動詞が続くとき、下がり目が出る（例：「むすめ」＊が）

【c】タイプ：語中に下がり目がある（例：「あな＊た」が）

リズム型とアクセントタイプを用いれば、どんな語でも記号で短くあらわすことができて便利である（例：「きょう」は2型の【a】タイプ。略して2【a】）。

日本語の既成曲

日本語の歌について、歌詞のリズムとアクセントがメロディーに反映されているかどうか、《むすんでひらいて》と《夢想花《むそうばな》》を例に調べてみよう。

文部省唱歌《むすんでひらいて》（作詞：不詳、作曲：ジャン＝ジャック・ルソー）は、もともとフランス語の歌なので曲先である。後づけされた歌詞からは動詞の連用形「〜て」について学ぶことができる。連用形は日本語教育では「テ形」と呼ばれ、「〜てください（依頼）」をはじめ、さまざまな文型に用いられる必須の学習項目だ。しかし、五段動詞では（一）撥音便（例：むすぶ→むす**ん**で）、（二）イ音便（例：ひらく→ひら**い**て）、（三）促音便（例：（手を）うつ→う**っ**て）の三つの音便変化が生じるため[15]、学習者は変化の規則性を覚えるのに大変苦労する。［寺内弘子（二〇〇一）］では、この歌の歌詞を通して三つの音便変化がわかりやすく導入されている。

歌詞のテ形とメロディーのテ形について、リズム型とアクセントタイプをAD図で比較すると次のようになる[16]（図4：左側が歌詞、右側がメロディー）。メロディーのアクセントは共通語の決まりに当てはまらず、多くはタイプを規定できなかったが、リズムもアクセントもほとんど異なることは一目瞭然である。

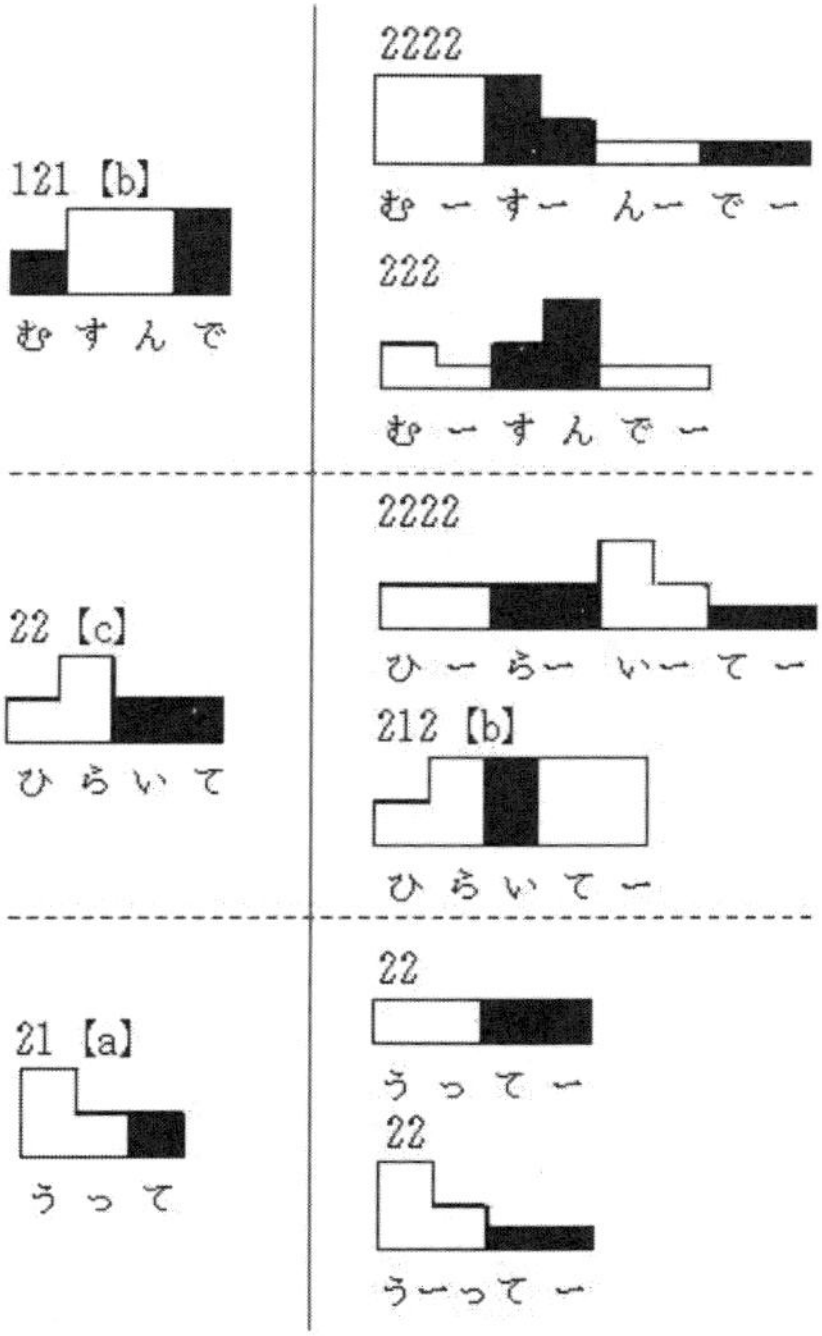

図４　歌詞とメロディーのテ形（AD 図による比較）

　一方、Jポップ《夢《む》想花《そうばな》》（作詞作曲：円広志【まどか・ひろし】）は、サビの「とんで」（撥音便）が連続して九回（曲全体で八十一回）、「まわって」（促音便）が同様に三回（曲全体で二十七回）歌われるインパクトの強い名曲である。詞先だと思われるが、この二つのテ形のリズム型とアクセントタイプは、ほぼメロディーと一致している（「とん・で」21【b】、「ま・わっ・て」121【b】）[17]。また、このサビ部分を歌えば自ずと連続リピート法で練習することになり、歌詞の韻律的特徴をはっきりと捉えることができるだろう。だが残念なことにイ音便の例はなく、学ぶことができない。

　歌詞にテ形が含まれる歌は多い印象だが、音便変化が網羅されていなかったり、韻律的特徴がメロディーに反映されていなかったりして、発音学習には不向きのようだ。けれども、既成の歌は日本語を学ぶために作られたわけではないので、至極当然のことである。日本語学習のために作られた歌があれば理想的だ。

ところで、発音学習が目的ではないが、歌詞のリズムやアクセントをメロディーに反映させて作曲した音楽家がいる。それは山田耕筰【やまだ・こうさく】（一八八六―一九六五年）である［団　伊玖磨（一九九八）］。

山田耕筰の作曲法

多くの日本人が西洋音楽にまだ馴染みの薄かった明治・大正時代、山田は四年間のドイツ留学で西洋の作曲理論を学び、それを踏まえたうえで「日本語の抑揚に旋律の抑揚を合わせる」という独自の理論を提唱した。山田が作った数々の歌曲や童謡は、歌詞のアクセントが自然に美しく歌われるようなメロディーになっている。なかでも《からたちの花《はな》》（作詞：北原白秋【きたはら・はくしゅう】）は、歌詞のアクセントとメロディーがよく一致した代表作だとされる［鈴木亜矢子（二〇一六）］。

山田はまた「一音符一語主義」の理論も唱えているが、この場合の一語は一モーラだと思われる。例えば《からたちの花《はな》》の「しろいしろいはながさいたよ」の部分で、「はな」の「な」と終助詞の「よ」を二分音符で長く保つなど、要所要所で長さ（リズム）に変化をつけながらも、曲の大部分は歌詞の拍感覚をそのままメロディーに乗せて八分音符で刻んでいる。

このようにして作られた山田の作品はシンプルで歌いやすい反面、アクセントに従いすぎてメロディーが単調になりがちなこと、リズムは変化に乏しく、より速い言葉や音楽の動きを生みにくいことなど問題点が指摘されている［団　伊玖磨（一九九八）］。そこで、山田をはじめ次世代の作曲家、別宮貞雄【べっく・さだお】（一九二二―二〇一二年）、団　伊玖磨【だん・いくま】（一九二四―二〇〇一年）は、より魅力的な音楽を目指し、理論よりも表現を優先して作曲する方法をさまざまに試みている。その一つに「メリスマ」（melisma）[18]がある。

メリスマとは「歌詞の一音節に対して多くの音符をつける作曲手法」である［野口義修（二〇一八）］。例えば山田の《まちぼうけ》（作詞：北原白秋）では、「そこへ兎が飛んで出て」の「ん」や「木の根っこ」の「の」に音程の異なる二つの十六分音符が充てられているが、装飾音符のような軽やかな動きが加わることで、より趣のあるメロディーとなっている。メリスマの手法は現代の歌にも引き継がれ、洋楽やＪポップにも盛んに取り入れられている。

日本語学習のための歌教材

歌で日本語の発音も学べる教材には［吉田千寿子（二〇〇六）］がある。収録された十六曲の「歌教材」は日本語学習を目的に筆者により作詞作曲された歌で、発音も学ぶことができる。歌教材には既成曲とは大きく異なる二つの特徴がある。

一つ目は作詞法である。曲ごとに学習テーマを設定し、テーマの語や文法を多数取り入れて作詞されているため、学習項目を効率的に学ぶことができる。例えば《踊《おど》ってサンバ》では五段動詞のテ形の三つの音便変化と規則性パターンが網羅されている。また、初級学習者も無理なく学べる易しい語や表現が使われている。

二つ目は作曲法である。山田耕筰と同様に、メロディーが歌詞のリズムやアクセントとできるだけ同じになるように作られている。山田と異なる点は、リズム型という新しい概念を取り入れたことである。特に特殊音を含む音節については、二モーラ一単位の感覚がはっきりと掴めるようなメロディーに工夫されている（例：「歌って」121【b】♫↓ド・ミ（ッ）[19]・ミ）。また、発話音声に忠実であるよう、メリスマは行われていない。英語のチャンツ（chants）[20]の手法やエコーソング（追いかけ歌）のスタイルを採用し、すぐにリピートやシャドーイングをして練習できる点も教材ならではの特色である。

その他、歌唱では一般にみられない「母音の無声化」にも配慮している。母音の無声化とは、狭母音［i］［ɯ］が無声子音（カサタハパ行の子音）に挟まれた環境で声帯振動がなくなり、母音が聞こえなくなる現象である（例：「あした」の「し」の母音［i］、「です・ます」の「す」の母音［ɯ］）[21]。地域差はあるが、ごく自然な現象であり、日本語らしさを生む大切な要因の一つとなっている。

以上のように工夫して作られた歌教材の歌唱音声は、発話音声に近いものだといえるだろう。そのため、リズム型やアクセントタイプなどを意識して歌うことで、日本語の音声にも慣れることができると考えられ、その効果も検証されている［Mori, N.（二〇一一）］［吉田千寿子（二〇一四）］。

おわりに

本稿の前半は、日本語を学ぶ人々の発話音声について課題と改善策を探り、共通の問題点として特殊音を含む音節の長さのコントロールが苦手であること、その主な原因は言語の持つリズム感の違いにあることがわかった。そして、リズム型の概念を取り入れたビデオ教材による学習法を紹介した。

後半は、言語学習の教材として歌は記憶に残りやすく有効だが、発音については言語によって効果が異なること、日本語においては既成の歌で発音を学ぶのが難しいことを例に挙げて述べた。また、山田耕筰の作品に触れ、日本語学習のための歌教材との共通点や相違点について言及した。

ところで、筆者は昔二年ほど米国で暮らしたことがある。外国語の嵐の海で波にのまれそうになったとき、幸いにも互いの家を行き来する友人ができた。拙い英語に、いつも根気よく耳を傾けてくれた彼らに今も心から感謝している。こうした人々とのコミュニケーションを通して、what（何を伝えるか）が、まず大切であることを学んだ。

とはいえ、伝えるにはhow（どのように話すか）も忘れてはならない。言葉を発すればそこに音声があり、単音・リズム・アクセントなど様々な要素が一度に現れる。しかし、実は発話時だけでなく、「聞く」はもとより「黙読」のときでさえ、頭のなかには音声が存在し、誤った音声はそのまま「書き記される」。音声は「話す・聞く・読む・書く」の四技能全てにかかわる極めて重要な課題だといえる。

しかしながら、組織的にも個々の教師のレベルでも、未だ音声教育が十分になされているとはいえない状況である。近年、韻律学習用のテキストが次々に出版されたが、ビデオ教材は見あたらない。そこで、アクセントについても学べる「発音ドリルビデオ」を計二十五本制作し、授業で使用することにした。加えて、「歌教材」をビデオ化した「歌教材ビデオ」も十五本制作した。日本のアニメやマンガは海外でも大変人気があり、主題歌から日本語を学んだという留学生など、歌好きの学習者が多くみられる。色鮮やかな画面に映し出されるAD図を目安に、楽しく発音も学んでもらえたらと願っている。

二〇一八年十二月に成立した改正出入国管理法によって、海外から日本へ流入する人々が今後益々増えそうだ。完成したビデオ教材は皆二～四分程度と短く、気軽に見て学習できる。彼らの学びに役立つよう、これらを紹介し広めることが使命だと感じている。

注

（1）二〇一八年九月十九日、法務省入国管理局ホームページにて発表。
（2）例外はアニメ「Dr.スランプ アラレちゃん」の主人公・則巻アラレ【のりまき・あられ】の決め台詞「んちゃ！」。

（3）西洋の言語学で用いられたギリシャ語起源の語。韻文作成のための時間的単位で、日本語にも適用された［鹿島　央（二〇〇二a）］。
（4）喫茶店のモーニングは和製英語。英語ではbreakfast specialなどという。
（5）別宮はこの単位を二音節としているが、二モーラのことである。
（6）一九六六年に結成のプロオーケストラ。「名フィル」の愛称で地元に親しまれている。
（7）名古屋の女子高生が主人公の実話小説。坪田信貴【つぼた・のぶたか】著（二〇一三年）。
（8）古代ギリシャ・ローマの韻律で用いられた概念で、軽音節（例：ほ）、重音節（例：ほん）、超重音節（例：ホーン）がある。
（9）色覚障がい者は、黄色人種で男性の約二〇人に一人、白色人種では約一・六人おり（総務省編「障害者白書」二〇〇〇年度）、世界的にはAB型の血液型頻度に匹敵するとされる。
（10）ドラムビートの併用は［赤木浩文ほか（二〇一〇）］で考案された。
（11）答え：「びょう・いん」は22型、「び・よう・いん」は122型。RD図も書いてみよう。
（12）一九七三年にデビューした伝説の英国四人組ロックバンド。ボーカルのフレディー・マーキュリーが主人公の伝記映画「ボヘミアン・ラプソディー」が二〇一八年に上映されると世界中で大ヒットし、第九十一回アカデミー賞では最多・四部門での受賞に輝いた。
（13）曲の中で最も盛り上がる部分。聴かせどころ。
（14）二〇一三年公開のディズニー・アニメ映画。字幕を見ながら劇場で一緒に歌うSing-Along版も人気を博した。
（15）一段動詞では音便変化が生じない（例：見る→見て）。カ変・サ変動詞は「くる」が「きて」、「する」が「して」になる。

(16) メロディーのAD図の高さは音程を相対的に表したもので、実際の音とは異なる。
(17) 他に四つのテ形が歌詞にあるが、韻律的特徴とメロディーはほとんど一致しない。
(18) 日本語では多くの場合「歌詞の一モーラに対して」である。
(19) 日常的な話し言葉をリズムに乗って表現する英語教育法の一つ。
(20) モデル音声を聞いた直後に発音する練習法。
(21) 喉に手を当てて発音してみよう。震えが感じられなければ無声音だ。

参考文献

赤木浩文、古市由美子、内田紀子【あかぎ・ひろふみ、ふるいち・ゆみこ、うちだ・のりこ】（二〇一〇）『毎日練習！リズムで身につく日本語の発音』スリーエーネットワーク

別宮貞徳【べっく・さだのり】（一九七七）『日本語のリズム』講談社現代新書（二〇〇五年、ちくま学芸文庫に再録）

団　伊玖磨【だん・いくま】（一九九八）『NHK人間大学 日本人と西洋音楽』日本放送出版協会

Gottschewski. Hermann【ゴチェフスキ・ヘルマン】（二〇〇八）「音楽教育と外国語教育の接点—語学学習における歌唱のすすめ—」『JAPANESE STUDIES AROUND THE WORLD 2007』一四：一〇五～一一四頁

服部四郎【はっとり・しろう】（一九八四）『音声学』岩波書店

池谷祐二【いけがや・ゆうじ】（二〇一〇）『脳の仕組みと科学的勉強法』ライオン社

神保　各【じんぼう・かく】（一九二七）「国語の音声上の特質」（一九八〇年『日本の言語学　第二巻　音韻』大修館書店に再録）

鹿島　央【かしま・たのむ】（二〇〇二a）『日本語教育をめざす人のための基礎から学ぶ音声学』スリーエーネットワーク

鹿島　央【かしま・たのむ】（二〇〇二b）「韻律表示による音声教育試論―リズムとアクセントの融合を基礎として―」（『名古屋大学日本語・日本文化論集』十・七七～九〇頁）

Krashen, S. D.【クラッシェン・S・D】（一九八三）The Din in the head, input, and the language acquisition device. *Foreign Language Ann.* 一六・四一～四四頁

Ludke, K. M., Ferreira, F., Overy, K.【リュトケ、フェレイラ、オーヴェリー】（二〇一四）Singing can facilitate foreign language learning. *Memory & Cognition,* 四二（一）・四一～五二頁

Mori, N.【もうり・のりこ】（二〇一一）Effects of singing on the vocabulary acquisition of university Japanese foreign language students, University of Kansas, dissertation.

Murphey, Tim.【マーフィー・ティム】（一九九二）*Music and song.* Oxford: Oxford University Press.

西村裕代【にしむら・ひろよ】（二〇一三）「オンラインミュージックビデオの開発」（『2013 CAJLE（カナダ日本語教育振興会）Annual Conference Proceedings』二〇〇～二〇九頁）

野口義修【のぐち・よしのぶ】（二〇一八）『「童謡の法則」から学ぶ作詞・作曲テクニック』全音楽譜出版社

鈴木亜矢子【すずき・あやこ】（二〇一六）「山田耕筰の日本歌曲とアクセント理論―演奏の視点からみた分析―」（『東京音楽大学大学院論文集』一・二・九〇～一〇六頁）

寺内弘子【てらうち・ひろこ】（二〇〇一）『歌から学ぶ日本語』アルク

兪　稔生【ユ・レンシェン】（二〇〇七）「中国教育における中国の歌の効用について」『長崎ウエスレヤン大学現代社会学部紀要』五・一・七三～七八頁

吉田千寿子【よしだ・ちずこ】（二〇〇六）『日本語で歌おう！』アスク
吉田千寿子【よしだ・ちずこ】（二〇一四）「歌教材が日本語学習者の語アクセントの記憶に及ぼす影響」（名古屋市立大学大学院人間文化研究科『人間文化研究』二二・一～一四頁）
吉田千寿子【よしだ・ちずこ】（二〇一六）「日本語音声教育のためのビデオ教材の開発」（名古屋市立大学大学院人間文化研究科『人間文化研究』二七・一七七～一九二頁）

辞書類

松村　明【まつむら・あきら】監修（二〇一二）『大辞泉第二版』小学館
ヤマハミュージックメディア『音楽用語ダス』https://www.ymm.co.jp/word/index.php

第三章　「しまくとぅば」をめぐる考察のために
――うまりじまぬ　くとぅば　わしりーねー　くにん　わしりゆん――

阪井　芳貴

はじめに　くがにくとぅば（黄金言葉）から学ぶこと

本稿の副題にした「うまりじまぬ　くとぅば　わしりーねー　くにん　わしりゆん」は、直訳すると「生まれた島のことばを忘れたら、国も忘れてしまう」となります。つまり、故郷のことばを忘れたら国も忘れてしまうよ、ということです。この場合の「国」は、琉球国でしょうか？　沖縄県でしょうか？　はたまた日本国でしょうか？　この問いかけは、実は本稿の隠れたテーマに直結しています。それについては、また後ほど。

こうした、うちなーぐちによる慣用句・故事成語・ことわざを沖縄では「黄金言葉（くがにくとぅば）」と呼んでいます。黄金のように価値のある、重要なことば、という意味です。先人たちが創り、多くの人たちの人口に膾炙してきたことば、生きていく上で支えとなり、教えとなることば、です。もちろんヤマト（日本）社会でもことわざは大切にされてきたのですが、おそらくそれ以上に沖縄では黄金言葉は大切にされてきたと思います。それは、それぞれのことばの内容もさることながら、それをうちなーぐちで表現していること、というより、うちなーぐちでなければ表現できないことであるところに意味を見いだしているからだと思います。言い換えれば、うちなーぐちによる表現にこそ、沖縄の民衆の心、想いが込められるのだという認識が共有されてきたということです。

私の研究室の向かい側にゼミ室がありますが、その扉に「命どぅ宝」と印刷した紙が貼ってあります。これも沖縄では知らない人はいない黄金言葉です。「ぬちどぅたから」と読みます。命は何ものにも代えがたい宝物だ、という意味です。なぜこの紙を貼ってあるかについてはここでは申しませんが、学生たちにはこのことばの意味を折に触れて伝えています。それこそ、何よりも大切な思想だと思うのですが、それをたったひとことのフレーズで表現してしまうところに、ウチナーンチュの優れた感性を感じます。

二〇一九年の沖縄県庁職員向けの年頭の挨拶で玉城デニー【たまき・でにー】沖縄県知事は、「ハイサイ、グスゥーヨ、イイショーガチデービル」と始め、「ユタサルグトゥー、クトゥシン、ウニゲーサビラ。イッペーニフェーデービタン」で締めくくりました。(1) このスタイルは、翁長雄志【おなが・たけし】前知事を踏襲したものでした。また、話の途中では「ちちぬはいやうまぬはいと申します」と、知事選以降の三か月間を振り返りました。この「ちちぬはいやうまぬはい」もよく使われる黄金言葉です。月（日）の進みは馬の走りのごとし、つまり「光陰矢のごとし」に相当することばです。こうしたしまくとぅばを挟み込み、沖縄の人々の心をつかむ方法はまさに翁長前知事が大切にしてきたものでした。

本稿では、主に翁長前知事のスピーチを素材に、そこに込められた沖縄の人々の心について見ることで、しまくとぅばの持つチカラ、単なる日常言語にとどまらない存在感について考察してみようと思います。

一　琉球方言・沖縄方言・琉球語・沖縄語・ウチナーグチ、ウチナーヤマトグチ、そして、しまくとぅば

しまくとぅばを考察する前に、そもそもしまくとぅばとは何かを確認しておきます。文字通り、「島言葉」ですが、この場合の「島」は通常「シマ」とカタカナ表記する集落・村の意味での「しま」です。つまり、それぞれの生活の基盤がある小さな単位、基本単位としての共同体空間を指します。それが地域によっては、一つの島の場合もあれば、沖縄島のように広い島の場合は、市町村レベル、さらには字レベルということになります。そして興味深いことに、日本の国土から見れば一パーセントにも満たない面積しかない沖縄県であるにもかかわらず、シマごとにことばが異なるので、しまくとぅばは多種多様に存在するのです。そして、そのしまくとぅばに沖縄の人々は心の拠り所を感じているのです。そこはとても大事なポイントです。

ところで、国語学・日本語学では、日本列島に存在する言語をいくつかの方言に分けて整理しています。この中でも、いわゆる南西諸島で使われている言語を琉球方言とか沖縄方言として日本語の中でも特異なグループとして扱ってきました。また、それをさらに細分化して研究がなされてきました。大きく分けると、奄美方言・沖縄方言・宮古方言・八重山方言・与那国方言となります(2)。これらのそれぞれの中に、上記のしまくとぅばが存在するということにもなりますし、琉球方言・沖縄方言をしまくとぅばと言う場合もあるかと思います。

ところが、二〇〇九年にユネスコがこれら琉球方言・沖縄方言を独立した言語として認定したため、琉球語・沖縄語という呼称も広く使われるようになり、日本語の方言なのか独立言語なのかという、南西諸島の言語そのものの帰属についての議論もなされるようになってきました。純粋に言語学的なアプローチのほかに、多分に政治的・イデオロギー的なアプローチもあり、決着はついていません。

さらに、あえて「琉球方言・沖縄方言」「琉球語・沖縄語」と併記してきましたが、琉球なのか沖縄なのか、という問題も別の次元の課題として存在します。「琉球」は王国時代あるいはそれ以前から中国の歴代の国家が使用してきた呼称であり、前近代における国際社会に通用させた正式な名前であるわけですが、「沖縄」は日本からの呼称に限定され、今日においても歴史的には琉球が正統な名称という意識が働いているきらいがあります。とはいえ、近代以降の沖縄もすでに定着しており、沖縄県内では、どちらも使われているという現実があります。

これらに加えて、ウチナーグチおよびウチナーヤマトグチという呼び方もあります。ウチナーグチは、沖縄のことばという意味、ウチナーヤマトグチはウチナーグチに日本共通語が混じったおもに復帰後に広まった新しいことば、という意味になります。実際に沖縄の人々の間で交わされていることばは、ウチナーヤマトグチが最も多い、というのが現実です。

以上のように、沖縄県内で使われていることばについては、さまざまな背景や思惑が絡んで未解決の課題として残されているのが現状であるわけです。そうした中、最近では「しまくとぅば」という呼び方が最も普遍的に使われるようになってきました。今まで述べてきたさまざまなことがら、各呼称をカバーする言い方として、そして、「しま」を使うことによって、後述の沖縄のアイデンティティを示すことにも成功しているといえましょう。本稿でも、ここからは、「しまくとぅば」を使っていきます。

これらのことは、ヤマト（日本）においてはほとんど意識されることのないことがらであることにも、ヤマトゥンチュは認識しておかなければならないと考えます。

二　翁長雄志沖縄県知事のしまくとぅばメッセージをめぐって

先述したように、二〇一八年八月に急逝した翁長雄志前沖縄県知事は、スピーチや挨拶に際してしばしばしまくとぅばを盛り込み、県民の心をつかんできました。歴代の県知事や各界のリーダーの中でも、翁長氏ほどこのことを意識し実践した人は他にないのではないかと思います。実際にどのように使ってきたのか、具体的に見ていきたいと思います。なお、翁長氏は那覇市長時代、あるいはそれ以前からしまくとぅばを使ったスピーチなどをされていたと思われますが、ここでは県知事就任後の事例を扱います。(3)

事例一　二〇一五年四月五日　内閣官房長官との会談から

これでは、「話クワッチー」といって沖縄では「話のごちそう」というのがあるんですが、いい話をして、局面を乗り越えたらそのことは知らんぷりというのが戦後70年間の沖縄の基地の問題だったと思うんですよね。

県知事就任後、なかなか政府首脳との会談が実現されませんでしたが、やっと官房長官との会談が実現した、その際のことばです。ここでは「話クワッチー」という単語だけの使用ですが、政府の沖縄県に対する姿勢をこのひと言だけで辛辣に批判することに成功しています。そして、これを聞いた(読んだ)沖縄県民の多くが、よくぞ言ってくれたという気持ちになったことは想像に難くないのです。

事例二　二〇一五年五月一七日　止めよう辺野古新基地建設県民大会でのスピーチから

ウチナーンチュ ウシェーテーナイビランドー

これは、沖縄人をナメてはいかんよ、という意味でスピーチの最後の締めくくりに発せられたメッセージです。過去に、これほど強いメッセージを対外的に発した県知事を知りません。おそらく、会場にいた多くのウチナーンチュも驚いたのではないでしょうか。そして、次の瞬間驚きは大きな共感となったに違いありません。

事例三 二〇一五年五月二〇日 日本記者クラブでの記者会見から

きょうは、沖縄の言葉であります「ウチナーグチ」を紹介する中から、沖縄の歴史に触れ、基地問題、また経済の問題についてもお話ができればと思っております。

ウチナーグチというのは、なかなかわかりにくくて、ほとんど聞き取れないと思いますので、まずどういうことをお話しするかということを標準語でお話しして、それからウチナーグチで挨拶をしたいと思います。

どういうことを言うかといいますと、「どうも皆さん、こんにちは。私は沖縄県知事の翁長雄志と申します。お見知りおきを願います。きょう、このように多くのマスコミの皆様にお集まりいただき、心から感謝申しあげます。沖縄の問題は大変難しいですので、皆様方で私の話をお聞きになって、多くの方にわかりやすく説明してください。よろしくお願いします」というのをウチナーグチでしゃべってみますので、よろしくお願いいたします。

ハイサイ、グスーヨー、チューウガナビラ。ワンネー、ウチナーヌチジヤイビーン。ミーシッチョーティウタビミセービリ、オナガタケシ イチョーイビン。チューヤ、ウングトゥシ、オオクヌグスーヨガアチマッティクィミソーチ、イッペーニフェーデービル。ウチナーヌクトー、デージナムチカーサヌヤイビージガ、ウンジュ ターサーニ、ワンクトゥバチチクィミソーチ、オオクヌチュンカイ、ナラーチクィミソーリ。ユタサルグトゥウニゲーサビラ。

どうですか、聞き取れますか。（笑）（拍手）

沖縄本島は小さな島ですが、大阪弁、名古屋弁、九州弁のように、どの市町村の出身かというのがわかるぐらい言葉が違います。宮古、石垣、与那国、あるいは伊良部、多良間というところは私も、その人たちの言葉はよくわかりません。彼らもお互いによく聞き取れないぐらい、沖縄は言葉に関しても多様性を持っておりまして、それぞれの島々が自然と歴史と伝統、文化を持っておるところであります。

これは、内外のメディア記者に対し、沖縄を紹介し沖縄への理解を深めてもらうという趣旨での発言で、沖縄の文化の根幹にあるウチナーグチをまずは感じてもらおうという演出でありました。沖縄を理解するには、歴史と文化を知らなければならない、文化を知るためにはことばを知らなければならない、という認識に立った会見内容だったと思います。さらに、しまくとぅばの多様性をことさらに強調して、日本の中の沖縄、世界の中の沖縄という見方へつなげようとの意図も見えると思います。

事例四　二〇一六年一〇月二七日「第6回世界のウチナーンチュ大会開会式」あいさつから

ハイサイ　グスーヨー　チューウガナビラ　世界ヌウチナーンチュヌウカタガタ、ウヤファーフジヌ生マリ島、ウチナーンカイ、メンソーチ　クィミソーチ。イッペー　ニフェーデービル。ワッターヤ待チカンティ　ソーイビータン。

これは、沖縄県が五年に一度開催する「世界のウチナーンチュ大会」、すなわち世界中に散らばる沖縄にルーツのある人々のホームカミングの催しでの挨拶で、彼らの沖縄にあるルーツを感じ取ってもらうための最初の歓迎の辞でした。おそらく、彼らの大半はこのことばを聞いても意味不明であったと思いますが、感覚的に沖縄を感じることはできたのではないでしょうか。ちなみに、この大会を機会に明らかになったことのひとつに、移民として定着した南米などのウチナーンチュの社会、もちろんすでに三世・四世の時代になっていますが、それらの地域では純粋な琉球方言が遺っているところが少なからずある、ということがあります。今の沖縄県内では聞かれなくなったしまくとぅばを聞くことができるそうです。そのことが明らかになり、言語学者の注目を浴びるようになりました。

事例五　二〇一六年六月一九日「被害者を追悼し、海兵隊の撤退を求める県民大会」での挨拶

グスーヨー、負ケテーナイビランドー。ワッターウチナーンチュヌ、クワンウマガ、マムティイチャビラ

これは、米軍属による沖縄県内在住女性への暴行殺人事件を受けて開かれた県民大会での挨拶ですが、ここでもウチナーンチュの強い意志を県民に示す最も大事なメッセージをしまくとぅばを使って表しています。しまくとぅばを使うことで、県民の団結を促しているとも言えます。

事例六　二〇一六年一二月二二日　オスプレイ墜落事件への抗議集会での挨拶から

グスーヨー、ムルサーニ、チムティィーチナチ、クワーウマガヌタメニ、チャーシンマキテーナイビラン。辺野古新基地ツクラサングトゥシ、オスプレイウチナーカラウランナイビーン、カンナジツクラサンネー、チバラナヤーサイ

事例五と同様、子や孫のために守らなければならないという趣旨で、ウチナーンチュの心を次世代に継承させることを含めたメッセージになっています。徐々にしまくとぅばによる表現が長くなっていることは注目すべきだと思います。

事例七　二〇一七年八月一二日　県民大会

マキティーナイビラン、ナマカラルヤイビンドー。クヮウマガノ　タメニ、ウヤファーフジヌ
ウムイ、チムニスミティ、ヌチカジリ　チバラナヤーサイ

事例五、六と同じく米軍基地問題に対する抗議のメッセージで、全県民一体となって取り組むべく先祖から次世代へというつながりを訴えています。さらに、命の限りと決意を表に出していますが、そのことば通りのちょうど一年後の壮絶な翁長氏の最期を予見することばには胸が詰まる思いがします。

事例八　二〇一八年一月四日「職員への年頭訓示」から

ハイサイ　グスーヨー　イイソーグヮチデービル（中略）ユタサルグトゥ　ウニゲーサビラ
イッペーニフェーデービル　タンディガータンディ　シカイトミーファイユー

翁長氏の最後の年頭訓示となった挨拶から、開口と締めの部分を挙げてあります。注目すべきは、締めの感謝の辞を、沖縄方言・宮古方言・石垣方言で繰り返したことです。沖縄の中の多様性をあらためて意識し、オール沖縄の維持を願ったメッセージとも受け取れます。

以上の事例より、翁長雄志前沖縄県知事は、多分に政治的効果をねらった部分はあるものの、それ以上に、沖縄県民を一つにまとめ、沖縄文化の特異性・独自性を強く意識するツールとして、また彼らの沖縄人としてのアイデンティティを覚醒・確信させるツールとして、しまくとぅばを活用したことが理解できると考えます。

翁長氏は、ジュネーブ国連人権理事会での演説に先立っておこなわれた国連欧州本部でのシンポジウムで、しまくとぅばについて次のように述べていました。少し長いですが、彼がなぜしまくとぅばを使うのか、大切にしているのか、その原点が明確に伝わるので、引用します。(4)

私達の言語は、やはり独自の言語がありましたけれども、それも使用を禁止されまして、良き日本人として頑張るようにと日本語を勉強するなかで、その後の沖縄が推移していきました。そして沖縄の人もよりよい日本人になろうということで一所懸命、日本語を勉強してやっておったのですが、それから約六〇七〇年たった後、待ち受けていたのが七〇年前のあの第二次世界大戦の沖縄、日本で行われた唯一の地上戦であります、沖縄の戦争でありました。その沖縄の戦争は本当に大変な地上戦でありまして、全部で二〇万人、人が亡くなりましたが、そのうち沖縄県民が一〇万人を超えております。そして日本軍が八万人、九万人、或いは米兵も一万人を超えて亡くなっているわけでありまして、その唯一の地上戦の一番の厳しかったのは、住民が日本軍隊と一緒になって逃げ惑ったというところに大きなことがございます。そして沖縄の良き日本人として日本語を覚えたにしても、(沖縄では) まだまだ独自の言語を使う人が多

かったものですから、その言っている意味がわからないということでスパイではないかということで殺されたりもしました。そして墓に逃げたり、洞窟に逃げていても、日本軍がきて沖縄の人をそこから出して、そこに立てこもるというようなことも残念ながらあったわけであります。ですから、沖縄の地上戦というのは私達にとりましては、七〇年たった今も、本当に一時も忘れられない、おじいちゃんやおばあちゃんから告げられた平和の大切さ、戦争の醜さ、人間の醜さというようなものを私どもは島全体で、体で感じたところでございます。

翁長氏の急逝後、彼の発言を集成した書籍が相次いで刊行されたのは、まさしく上記の効果や意義を沖縄の人々が認め、その遺志を確認し、さらに広く県内外に発信したいと考えたからにほかなりません。

三　「ちゅら」考

しまくとぅばについて本格的に考察していくための下準備的に、ひとつのことばについて見ておこうと思います。取り上げるのは、おそらく語句としてしまくとぅばの中でも抜群の知名度をもつ「ちゅら」ということばです。ＮＨＫ連続テレビ小説「ちゅらさん」(5)が大ヒットしたことから、「ちゅら」は全国区のことば、最も知名度の高いウチナーグチになりました。さらに、沖縄を訪れる観光客の大半が訪れるナンバーワン人気施設である海洋博記念公園の「美ら海水族館」が「美ら」（ちゅら）の知名度をさらに押し上げました。その後、「美ら」はさまざまなことばの接頭辞として、拡がっていきました。「美ら島紀行」「ちゅらぢゅら」「ちゅら玉」「ホテルちゅら琉球」「ちゅらやー」などなど、多種多様です。筆者は沖縄県から「美ら島沖縄大使」という役目を委嘱されています。これは、いわゆる観光大使ではなく、さまざまな角度・立場から広く沖縄の魅力を発信する役目です。そこに「美ら」を冠したのは、まさに美しい沖縄を全面に押し出そうとした名称ということになります。

この「ちゅら」ですが、どのような意味なのでしょうか？「美ら」と表記しているのですから、美しいという意味なのだろうと誰しも考えると思います。もちろん間違いではありません。が、美しさの質に注目しなければなりません。『沖縄古語大辞典』には次のように説明されています。

形容詞「きよらさ」の語幹から転成した語。（1）接頭辞。名詞の前にきて「美しい」「立派な」の意をそえる。「きよらや」（清ら家）、「きよらよね」（清ら米）など。（2）接尾辞。①動詞連用形について、〜するのが美しい、立派に〜する、の意をそえる。「さかえきよら」（立派に栄える）など。②名詞について、美しい、立派な、の意をそえる。「いたきよら」（美しい板。船の美称）など。

重要なポイントは、この辞典は古語辞典ですので、「ちゅら」ではなく「きよら」で立項していること、そして、「きよら【清ら】」と表記していることです。「きよら」の元の形である「きよらさ」について本辞典では、「美しい、華やかに美しいさま、立派なさま、みごとなさま。」とし、『日本国語大辞典』を引用して大和言葉における「きよら」について「きよし」「きよげ」より上級の「清く美しいこと。華麗なこと。輝くような美しさを指すと説明し、琉球方言における「きよら」(「ちゅら」)も同様に把握すべきであることを示唆しています。

これによれば、「ちゅら」は「美ら」ではなく「清ら」と表記すべきだということになります。そして、単なる美しさではなく、清らかな美しさ、華やかな美しさを示す最上級の語であることになります。ここでは、日本古語との共時性について考察し、琉球方言か琉球語かの議論に進むための素材にすることは避けます。が、明らかに日本古語がその意味も含め現代沖縄に生きているという指摘だけはしておきます。その現代沖縄における「ちゅら」の意義は何か、についてだけ少し述べておきます。

もとの「きよら」の音韻変化した「ちゅら」を「美ら」と表記するようになったのがいつからかは、追究できていません。それは今後の課題ですが、先述したように「美ら海水族館」が日本有数の水族館として知られるようになって、完全に「美ら」が定着したことは間違いないでしょう。そして、それにともない「清ら」と表記することはほとんどなくなりました。私見では、「美ら」のほうが「清ら」よりもストレートに美しさを感じ取れ、しかも身近に受け止められるのではないでしょうか。それに対し「清ら」は、どことなく近づきがたい美しさのようなイメージを内包しています。沖縄の民衆にとって、前者の方が性格的にフィットしていたと考えられます。いっぽうで、どこにもない底知れぬ海の美しさ、空の青さ、森の緑の濃さに誇りをもち、その自然の中で、その一員として暮らしてきたウチナーンチュが日々感じている美、それは最上級の「きよら」でなければ表現できなかったので、今日まで「きよら」が生き残ってきた、と私は考えています。そのことを、より学問的に明らかにするには、もう少し「ちゅら」の用法と歴史的経緯を検討しなければなりません。その宿題を解くことは、しまくとぅばの現代沖縄における意味を考察することに直結していると考えます。本稿は、そのための一歩にすぎません。

おわりに

詩人山之口貘【やまのくち・ばく】が戦後沖縄に帰郷した際の衝撃を詠んだ作品があります。「弾を浴びた島」と題する詩です。[6]

島の土を踏んだとたんに
ガンジューイ　とあいさつしたところ
はいおかげさまで元気ですとか言って

島の人は日本語で来たのだ
郷愁はいささか戸惑いしてしまって
ウチナーグチマディン　ムル
イクサニ　サッタルバスイ　と言うと
島の人は苦笑したのだが
沖縄語は上手ですねと来たのだ

詩人は、このとき、しまくとぅばを使わない同胞に対し、深い悲しみを感じたのか、あるいは呆れかえったのか、沖縄の行く末に絶望に近いものを感じたのか、いずれにしても、沖縄に帰って自らのことばを自由に使えると思ったら、そうではなかったことに気づき、不本意な想いを抱いたことは間違いないでしょう。ここに、しまくとぅばが持つ、単なる日常言語ではない意義が見えると思います。

沖縄の心、沖縄アイデンティティが、しまくとぅばには宿っている、そのことを黄金言葉・翁長雄志前沖縄県知事のスピーチ、そして「ちゅら」を取り上げて考察してきました。このしまくとぅばは、山之口貘が嘆息した頃に比べると、新たな形ウチナーヤマトグチという形で展開し、そこから古いことばの復権も見られます。しまくとぅばで歌い上げる島唄・民謡はますます隆盛ですし、全国展開しています。沖縄とヤマトとの関係がギクシャクすればするほど、しまくとぅばの存在感が増す、という現象は決してよろこばしいことではありません。が、近現代沖縄の足どりを踏まえると、それは必然であったと思わざるを得ません。そのことをとりわけヤマトゥンチュは意識して、単に方言を遺しましょうといった観点ではなく、しまくとぅばの行く末を見守ってゆかねばと思います。

注

（1）「沖縄タイムス」Ｗｅｂサイト二〇一九年一月四日ニュースに、玉城知事のあいさつ全文掲載。https://www.okinawatimes.co.jp/articles/-/366723

（2）奄美・沖縄方言をまとめ、北部奄美沖縄方言と南部奄美沖縄方言と分類する場合もあり、さまざまな考え方がある。文化庁Ｗｅｂサイト「消滅の危機にある言語・方言」http://www.bunka.go.jp/seisaku/kokugo_nihongo/kokugo_shisaku/kikigengo/を参照されたい。

（3）翁長氏の発言の引用については、「琉球新報」「沖縄タイムス」の記事を参照し、しまくとぅば部分は私にカタカナに替えた。なお、これら翁長氏の発言は、『沖縄県知事翁長雄志の「言葉」』（沖縄タイムス社　二〇一八年九月刊）と『魂の政治家翁長雄志発言録』（琉球新報社　二〇一八年九月刊）に採録されている。

（4）沖縄県庁ホームページに掲載。http://www.pref.okinawa.lg.jp/site/chijiko/henoko/documents/unside.pdf

（5）二〇〇一年四月から九月にかけて放映。大ヒットを受け、パート四まで制作・放映された。

（6）『山之口貘詩集』（思潮社一九八八年刊）より。

参考文献

内間直仁【うちま・ちょくじん】・野原三義【のはら・みつよし】編著（二〇〇六）『沖縄語辞典　那覇方言を中心に』研究社

沖縄古語大辞典編集委員会編（一九九五）『沖縄古語大辞典』角川書店

沖縄タイムス社編著（二〇一八）『沖縄県知事翁長雄志の「言葉」』沖縄タイムス社

外間守善【ほかま・しゅぜん】著（二〇〇〇）『沖縄の言葉と歴史』中央公論社

仲村優子【なかむら・ゆうこ】編著（一九九七）『黄金言葉　ウチナーンチュが伝えることわざ200編』琉球新報社

山之口貘【やまのくち・ばく】著（一九八八）『山之口貘詩集』思潮社

山之口貘著・高良勉【たから・べん】編（二〇一六）『山之口貘詩集』岩波書店

琉球新報社編著（二〇一八）『魂の政治家翁長雄志発言録』琉球新報社　二〇一八年九月刊

＊コラム＊

台湾原住民の日本語教育 ――彼らの現在、言語の衝突――

黄　如翎

台湾は一八九五年から一九四五年までの五十年間、日本の統治下にあった。この間に日本は台湾にいた日本人、漢人（台湾人）と蕃人《ばんじん》（原住民）それぞれに対して教育機関を設立し、教育を行った。筆者は、日本統治時代末期の台湾原住民教育を研究し、台湾で日本統治時代に初等教育機関に通った原住民（現在は八十五歳以上）に聞き取り調査を行った。台湾原住民とは日本統治時代に「高砂族《たかさごぞく》」や「蕃人」と呼ばれた人々である。現在の日本ではこのような人々を「先住民族」と呼ぶが、「先住民」の「先」は中国語で亡くなった（滅んだ）人のことを表現しているため、台湾先住民族自身は自分たちの共通名を「原住民」としている。「原」はネイティブの意味である。日本統治時代、台湾原住民はタイヤル、サイセット、ブヌン、ツオウ、パイワン、ヤミ、アミの七種族に分類されていたが、現在は十六種族に細分化されている。具体例をあげると女優でタイヤル族のビビアン・スー、プロ野球選手でアミ族の陽岱鋼【よう・だいかん】と言えば読者の方は想像しやすいだろう。

日本統治時代の初め、台湾山地の原住民教育は、警察官吏派出所で行われた。教師は専門の教育者ではなく、一般の警察官であった。まもなくこうした教育施設は「蕃童教育所」と称されることとなったが、特定の教育規則はまだなかった。一九〇八年から「蕃童教育標準」「蕃童教育綱要」「蕃童教育費額標準」がそれぞれ出され、「蕃童教育標準」は蕃童教育所の制度的位置付けを明確にした。これ以降、教学内容や教科目、教育目的などが定まり、原住民に対して体系だった日本語教育が行われるようになった。一九二八年に「蕃童教育標準」に代わる「新蕃童教育標準」が制定され。原住民用の教科書『教育所用国語読本』が出版された。教育目的は「日本の風俗習慣の導入」から「日本国民の育成」に代わり、その中で日本語教育はさらに重視されていった。

写真１　朝倉さん（2018 年 3 月 2 日　対象者の自宅にて撮影）。屏東県東北部の霧台郷【むたいきょう】在住。霧台郷は、海抜 1,000 メートル以上のところにあり、屏東市内から車で 2 時間以上かかる。

筆者は、二〇一七年から二〇一八年までの夏休みと春休みを利用して、台湾で三回の聞き取り調査を行った。現在、原住民は台湾の東部と南部に

写真２　霧台郷の街路（台湾交通部観光局茂林国家風景区管理處からの引用）。ルカイ族の村、霧台郷は1980年代までは警察で事前に入山許可を受けないと立ち入れない秘境であったが、現在は、途中の検問所で申請書に記入すればすぐ立入ることができる。

多く存在するが、筆者は比較的アクセスがしやすい南部を中心に調査を行った。十人の対象者のうち六人はパイワン族、他にはアミ族、ブヌン族、ルカイ族の方である。今回の聞き取り調査の対象者らの年齢層は八十六～九十五歳だ。戦後すでに七十四年経っており、聞き取り調査が遂行できるか非常に心配であった。特に言語面の不安は大きかった。台湾原住民は、パイワン族はパイワン語、アミ族はアミ語というようにそれぞれの原住民語を有している。しかし、漢族の筆者はどの原住民語も解さない。そして、対象者の多くは戦後、国語（いわゆる普通中国語）を学んでおらず、同じ台湾人であっても国語で会話を交わすことができない。つまり筆者と対象者がコミュニケーションをとる場合、その共通語は現在の国語ではなく、彼らが七十四年前まで学んでいた「日本語」なのだ。実際に対象者と会って、「日本語もう忘れた」と言われることもあり、対象者（原住民語）→通訳者（原住民語から普通中国語）→筆者（普通中国語）のように、通訳者を介して調査を実施したこともあったが、インタビューの初めから終わりまで普通に筆者と日本語で会話してくださる人が多かった。

石垣よしこ【いしがき・よしこ】（この方に限らず、日本名は全て当時の名）さんは「昔入学したばかりの時、先生から教えられたのは〝僕らは学校一年生。今年入った一年生。雨が降っても学校に行く。僕が小さいで元気だよ～〟という歌だ」と教えてくれた。山地に住んでいる原住民児童は蕃童教育所まで距離があり、道も平坦ではないため、遅刻するか欠席することがよくあったようだ。朝倉信代【あさくら・のぶよ】さんは「周りの友達みんな学校に行きました。私たちは一時間くらい歩いて学校までに行きます」と言った。そのため、このような歌を教えられたのだろう。

深川照岡【ふかがわ・てるおか】さんは「学校で山の言葉を言っちゃダメ。言ったら先生が罰するよ。学校に入ったら、みんな日本語で話してる。日本人は厳しい」と教えてくれた。石垣よしこさんも民族の言語を使ったら罰金と言われ、朝倉信代さんからは、民族の言葉を使ったら学校の運動場を三回回らなければならないとの証言があった。当時の教学方法は「罰金」や「体罰」を利用して、原住民児童に日本語の話す習慣を身につけさせ、彼らの日本語能力を上げようとしたのだろう。

学校の服装についての質問で、朝倉信代さん（写真1）が「私は一年から青年団まで踊りとか話し方、準備題、歌う。だから私たち試合に行ったら日本の着物を使う。」と証言しているように、特別なイベントがある際には着物を着るということがあったようだ。彼女が言った「話し方、準備題」とは、国語演習会のことだった。ここでの国語は「日本語」である。他の対象者にも、国語演習会に参加した経験をもつ方がいた。下パイワン教育所を卒業したFさんは、以下のように証言している。

準備題と即題がある。準備題は先生が教えたものを発表する。みんなのテーマと内容は同じ。即題は当日「はい、あなたは日の丸の旗について話しなさい」、そして自分で考えて発表する。「私は日の丸の旗について話します。日の丸の旗は我が大日本帝国の国旗です。旗は真っ白で字の真ん中に〜」こんな感じで話す

国語演習会はただ日本語能力の向上のためだけでなく、原住民に日本国民であることを意識させようとしていた重要な活動だろう。それは当時の教育目的である「日本国民の養成」とも関わっているのではないだろうか。

当時、先生の教え方や学校生活などもこのような教育目的と相応するため、様々な形式で行われたようだ。例えば、渡辺初子【わたなべ・はつこ】さんからは「先生には、歌を教えられた。天長節、明治節、なに節、たくさんある。そして毎月神社祭典がある。神社祭典の歌はまた違います」と言われた。また、川西美紗子【かわにし・みさこ】さんは「学校の壁に天皇陛下の写真はその中に貼ってある。そして毎朝村民、生徒、青年団みんなを集まってきて神様を上がって参拝する」と証言していた。原住民児童は、日本の文化や祝日および神社参拝の習慣などを、学校教育の場を通して身につけていた。このような思い出は、七十年以上前のことであっても、まだ印象が強く残っているようだ。

調査を通して筆者が最も驚いたことは、小さい頃に身につけた日本語を何年経っても覚えていることである。台湾には多くの日本そして日本語が残っていることについて他の人も論じているが、日本語は単語が残っているだけでなく、私たち台湾人のコミュニケーションツールの一つとなっていたのだ。先述したように原住民は原住民語を話し、私たち漢族は台湾語や普通中国語を話す。また、種族の中でも客家《はっか》と呼ばれる人々は客家語を話す。そして、家族内でも言語が通じないという問題もある。戦前生まれの祖父母は日本語と自分の民族の言語しか話せないが、現在台湾の若い世代は主に普通中国語を使う。もちろん原住民児童もそうなっており、自分の民族の言語を話せる人が少ない。そこで、言葉が通じないという問題が発生するのだ。

筆者は台湾人として、同じ台湾に生まれ、育った人と言語が問題となりコミュニケーションが取れないことに悲哀を感じつつも、そのような台湾だからこそ日本語が残ったことには大きな意味があると感じている。彼らが学ばなければならなかった日本語と、筆者が自ら学んだ日本語は違うかもしれない。しかし、日本語のおかげで彼らと接する機会ができ、コミュニケーションをとり、貴重な話を生で聞けたのだ。しかし、すでに戦後七〇年以上が経ち、日本の教育を受けたご存命の方は少なくなっている。筆者は調査の中で、二十年早く生まれていたら、もっと話が聞けたはずだ、と何度も思ったが、しかし、戒厳令解除後に生まれ、日本語や日本文化に接する機会が多かった筆者だからこそ聞けたこともあったと確信している。台湾に残った日本語は戦後の荒波を乗り越え、筆者のような二十代にも伝わったのだといえる。

文末ではあるが、協力者の皆様には感謝の意を表したい。そこで最後は彼らの「ありがとう」でこの文章を締めたいと思う。「Malimali～（パイワン語）Mae La Nenga～（ルカイ語）U Ni Nang～（ブヌン語）Aray～（アミ語）、そしてありがとう。」

第二部　信仰のなかで出会う日本文化

第一章　熱田神宮と草薙剣

浅岡　悦子

はじめに

熱田神宮、それは、三種の神器と呼ばれる神宝のうち、草薙剣《くさなぎのつるぎ》が祀られる神社である。三種の神器とは一般的に鏡・剣・玉の三つの宝物を指す。今日、鏡は伊勢神宮に祀られ、玉は皇居に祀られている。そして剣が愛知県名古屋市【あいちけん・なごやし】にある熱田神宮へと祀られている（鏡・剣は形代《かたしろ》が皇居にも祀られている）。草薙剣は『日本書紀』には「草薙劒」と記され、『古事記』には「草那芸剣」と記されているが、読み方はどちらも「クサナギノツルギ」であるため、本稿では特に『古事記』『日本書紀』の別がない場合は、熱田神宮の御由緒《ごゆいしょ》に従って、「草薙剣」と表記することとする。

熱田神宮と聞くと、名古屋市に住んでいる人は何を思い浮かべるだろうか。初詣に行く神社、子供の頃、七五三でお参りした神社、あるいは、初夏の一番早い時期に花火のあがるお祭りがある神社（熱田祭り）として、熱田神宮は親しまれている。江戸時代の街道や、『東海道中膝栗毛《とうかいどうちゅうひざくりげ》』などの滑稽本に興味のある人は、東海道唯一の海道である七里の渡しのある宮宿《みやじゅく》にある神社として熱田神宮を思い出すかもしれない。熱田神宮は名古屋に住む人にとっては身近な神社であり、名古屋に遊びに来る遠方の友人に案内する観光地として、名古屋城の次に熱田神宮を思い浮かべる人も少なくない。

しかし、「熱田神宮」を観光の目的地とする人は少ないのではないだろうか。例えば、三種の神器の一つである鏡が祀られる伊勢神宮は、「伊勢神宮に参拝すること」を目的に一年を通して多くの観光客が訪れる。また、出雲大社は三種の神器のような誰もが知る神宝が祀られていなくとも、伊勢神宮と同様に、年間を通して観光客が多く参拝する神社だろう。一方、熱田神宮は、名古屋に来たついでに訪れることはあっても、わざわざ熱田神宮に参拝することを目的に名古屋を訪れる人は珍しいと言える。熱田神宮に祀られている草薙剣とは一体何なのだろうか。本稿では草薙剣と、それを祀る熱田神宮の関係について、解き明かしていきたい。

一　三種の神器なのか、二種の神宝なのか

一般的に三種の神器と呼ばれる神宝は、『古事記』や『日本書紀』に記されている神話、つまり記紀神話の中の、天孫降臨《てんそんこうりん》の条に登場する。それぞれ、八咫鏡《やたのかがみ》・草薙剣・八尺瓊勾玉《やさかにのまがたま》と称される三

つの神宝である。「三種の神器」の名称について、『日本書紀』では「三種寶物《さんしゅのほうもつ》」と記される。一方、『古事記』では鏡・剣・玉をまとめて記すことはあっても、特別に「三種の……」のようには記されていない。それぞれ具体的に見てみると、『古事記』には以下のように記されている。(1)

『古事記』上巻・天孫降臨

於是。副賜其遠岐斯。八尺勾璁・鏡及草那芸剣。亦常世思金神・手力男神・天石門別神而詔者。此之鏡者。専為我御魂而。如拝吾前。伊都岐奉。

（アマテラスはニニギに）八尺の勾璁・鏡・草那芸釼と、また、オモイカネ・タヂカラオ・アメノイワトワケをお添えになり、仰せられるには「この鏡は、私（アマテラス）の御魂として、私を祀るように祀り仕えなさい」。

一方、『日本書紀』には以下のように記されている。

『日本書紀』巻二・一書一

故天照大神乃賜天津彦彦火瓊瓊杵尊、八坂瓊曲玉及八咫鏡、草薙劒三種寶物。（中略）因勅皇孫曰。葦原千五百秋之瑞穂國。是吾子孫可王之地也。宜爾皇孫就而治焉。行矣。寶祚之隆當與天壊無窮者矣。

アマテラスはニニギに、八坂瓊曲玉と八咫鏡、草薙劒の三種の寶物を賜った。（中略）そして、皇孫（ニニギ）に勅していうには、「葦原千五百秋之瑞穂国（地上世界）は、私（アマテラス）の子孫が王となるべき地である。寶祚の消えることは、天地とともに窮《きわま》ることがないであろう」とおっしゃった。

『日本書紀』巻二・一書二

是時天照大神手持寶鏡。授天忍穂耳尊而祝之曰。吾兒視此寶鏡、當猶視吾。可與同床共殿以爲齋鏡。

アマテラスは、手に宝鏡を持ち、オシホミミに授けて祝いでいうには、「私の子（オシホミミ）よ、この宝鏡を視るときは、私を視るようにまつりなさい。床を同じにし、殿を共にして、宝鏡としなさい」とおっしゃった。

このように、三種の神器は『古事記』『日本書紀』共に、天上世界である高天原《たかまがはら》から地上世界である葦原中国《あしはらのなかつくに》へ降臨するニニギに対し、アマテラスが授けた神宝として描かれている。特に鏡はアマテラスを祀るように仕え祀りなさいと記される重要な神宝である。

一方、八〇七（大同二）年二月十三日、斎部広成【いんべの・ひろなり】（忌部【いんべ】氏は八〇四（延暦二三）年に忌部を斎部と改めている。）によって奏上された『古語拾遺《こごしゅうい》』を見てみよう。『古語拾遺』は忌部氏の氏文《うじぶみ》と呼べる書物であり、その書名の通り、神話から拾い集めた古語の起源を説く他、忌部氏独自の神話が含まれている。『古語拾遺』の神話の中から鏡・剣・玉を見てみると、三種のうち、玉を除いた鏡・剣で「二種の神器」を構成している。

『古語拾遺』

于時、天祖天照大神、高皇産霊尊、乃相語曰、夫葦原瑞穂国者、吾子孫可王之地。皇孫就而治焉。寶祚之隆当与天壌無窮矣。即以八咫鏡及薙草剣二種神宝、授賜皇孫、永為天璽。〈所謂神璽剣鏡、是也。〉矛・玉自従。即勅曰、吾児視此宝鏡、当猶視吾。可与同床共殿、以為斎鏡。

アマテラスとタカミムスヒが語りあっておっしゃるには「葦原瑞穂国は、私（アマテラス）の子孫が王となるべき地である。寶祚の消えることは、天地とともに窮《きわま》ることがないであろう」とおっしゃった。八咫鏡と草薙剣との二種の神宝を、皇孫（ニニギ）にお授けになり、永く天璽となさった。〈神璽の剣・鏡がこれである。〉矛・玉はそれらに従う。よって、（アマテラスが）勅をしておっしゃるには「私の子（オシホミミ）よ、この宝鏡を視るときは、私を視るようにまつりなさい。床を同じにし、殿を共にして、宝鏡としなさい」とおっしゃった。

このようにアマテラス・タカミムスヒによる勅や、アマテラスと鏡を同一視する記述は、原文を見ると『古語拾遺』が『日本書紀』を殆どそのまま引用していることが分かる。

しかし、三種の神器については『日本書紀』を引用せずに、三種のはずの神器を二種に改編し、記紀神話では全く言及されなかった矛の存在を取り上げてくるという独自の神話を展開している。

以上のように、平安時代前半に記された『古語拾遺』には、三種の神器と呼ばれる神宝が、実は鏡と剣の二種であると記されていることが分かる。しかし、どちらにしても、剣は紛れもなく神宝であり、重要な宝物であることは間違いがない。その重要な宝物である草薙剣と、それ祀る熱田神宮について、神話と歴史を比べながら見ていきたい。

二　熱田神宮の歴史

熱田神宮の主祭神は熱田大神《あつたのおおかみ》である。これは、三種の神器の一つである草薙剣をアマテラスの御《み》霊代《たましろ》として祀った神である。つまり、熱田神宮の主祭神は草薙剣であり、それはアマテラスなのである。熱田神宮に関する最も古い記録は、『尾張国風土記《おわりのくにふどき》』の逸文に見ることが出来る。

『尾張国風土記』逸文（釈日本紀巻七）

熱田社者。昔日本武命巡歴東国還時。娶尾張連等遠祖宮酢媛命。宿於其家。夜頭向厠。以随身劔掛於桑木。遺之入殿。乃驚更往取之。劔有光如神。不把得之。即謂宮酢姫曰。此劔神気。

宜奉斎之為吾形影。因以立社。由郷為名也。

熱田社は、昔、ヤマトタケルが東国を巡り、帰還した時、今の尾張連等の遠祖であるミヤズヒメを娶った。その家にお泊りになり、夜に厠に行き、身に帯びていた劔を、桑の木に掛け、忘れて殿に入った。驚いて取りに戻ると、劔は神々しく光り、取る事が出来なかった。そこでミヤズヒメに「この劔は神気がある。吾の形影として斎奉れ」と仰った。よって社を立て、郷の名を社の由来とした。

残念ながら『尾張国風土記』は現存しておらず、中世の書物である『釈日本紀《しゃくにほんぎ》』からの孫引きでしか見ることができない。それによると、ヤマトタケルは妻であるミヤズヒメに、自分の「形影」として草薙剣を祀るように述べている。熱田神宮は草薙剣を祀るためにミヤズヒメによって立てられた社が起源として記されているのだ。

その次に熱田神宮について記されているものは『日本書紀』である。

『日本書紀』神代上第八段一書第二

是号草薙劔。此今在尾張国吾湯市村。即熱田祝部所掌之神是也。

（ヤマタノオロチの尾から出てきた剣を）草薙剣という。この剣は今、尾張国吾湯市村【おわりのくに・あゆちむら】にある。つまり熱田の祝部《はふりべ》がお守り役になっている神がこれである。

同　神代上第八段一書第三

名為草薙劔。此劔昔在素戔嗚尊許。今在於尾張国也。

名を草薙剣という。この剣は、昔スサノヲの許にあったが、今は尾張国にある。

同　景行天皇五一年八月四日条

初日本武尊所佩草薙横刀。是今在尾張国年魚市郡熱田社也。

当初ヤマトタケルが腰につけておられた草薙横刀は、今、尾張国の年魚市郡【あゆちぐん】の熱田社にある。

このように、『日本書紀』も、『尾張国風土記』同様に、熱田の地に草薙剣が祀られていることを記している。熱田神宮に残る最も古い由緒『尾張国熱田太神宮縁起』《おわりのくにあつただいじんぐうえんぎ》には、

『尾張国熱田太神宮縁起』

正二位熱田太神宮者。以神劔為主。本名天叢雲劔。後改名草薙劔。其祠立於尾張国愛智郡。

正二位熱田太神宮は、神剣を主とする。剣のもとの名を天叢雲剣《あめのむらくものつるぎ》という。後に草薙剣と名を改める。その祠は尾張国愛智郡に立つ。

と、剣を主祭神とする祠が熱田（尾張国）にあると記している。『尾張国熱田太神宮縁起』は、熱

田に草薙剣が祀られた由来が詳しく記されている。巻末には八七四（貞観十六）年に熱田社の神宮別当である尾張連清稲【おわりのむらじ・きよいな】によって編纂されたものに、八九〇（寛平二）年、尾張国国司の藤原朝臣村椙【ふじわらのあそん・むらすぎ】が筆削を加えたものと記されている。つまり、平安時代初期に尾張氏が中心となって記した、熱田神宮の正式な由緒が『尾張国熱田太神宮縁起』である。しかし、『尾張国熱田太神宮縁起』は、鎌倉時代以降の成立であることが指摘されており〔西田長男（一九六二）・西宮秀紀（二〇〇〇）など〕、今日ではそれが定説となっている。『尾張国熱田太神宮縁起』の成立年代についてはさらなる研究が必要となってくるため、今後の課題としたい。

三　草薙剣にまつわる記紀神話

スサノオのオロチ退治

では、この草薙剣とは一体どのような剣なのだろうか。先に示した『日本書紀』には、草薙剣はスサノヲのもとにあったと記され、『尾張国熱田太神宮縁起』にはその本名が天叢雲剣であると記されている。つまり、草薙剣とはスサノヲがヤマタノオロチ退治の際に、オロチの尾から発見した剣であると述べているのである。そのため、『古事記』『日本書紀』から、オロチ退治を中心とした、草薙剣に関する神話を見ていきたい。まず初めに、『古事記』を見ると、

『古事記』上巻　八俣大蛇退治

故切其中尾時。御刀之刃毀。爾思恠。以御刀之前刺割而見者。在都牟刈之大刀。故取此大刀。思異物而。白上於天照大御神也。是者草那芸之大刀也。

（スサノヲがヤマタノオロチの）尾の中ほどを斬った時に、御刀の刃が欠けた。そこで不審に思って御刀の切っ先で刺し、裂いてみると、つむ羽の大刀があった。この大刀を取って、稀有なものと思い、アマテラスに申し上げてこれを献上した。これは草なぎの大刀である。

このように、『古事記』には、オロチの尾からスサノヲが発見した剣をアマテラスに献上している。名は「草那芸之大刀」と記されている。つまり『古事記』では、剣の発見当初から草薙剣という名である。

一方、『日本書紀』に目を転じてみよう。

『日本書紀』神代上第八段本文

至尾劔刃少欠。故割裂其尾視之。中有一劔。此所謂草薙劔也。〈草薙劔。此云倶娑那伎能都留伎。一書曰。本名天叢雲劔。蓋大蛇所居之上。常有雲気。故以名歟。至日本武皇子。改名曰草薙劔。〉素戔嗚尊曰。是神劔也。吾何敢私以安乎。乃上献於天神也。

（オロチの）尾の部分に至ると劔の刃が少し欠けた。そこでその尾を切り裂いてご覧になると、中に一つの剣があった。これが所謂草薙剣である。〈一書に。本の名は天叢雲剣という。おそらくオロチがいる上に常に雲の気が漂っていた。それで名付けたのだろうか。ヤマトタケルの時になって、名を改めて草薙剣というようになった。〉スサノヲは「これは神剣だ。私の物にはしておけない」と仰せられ、ただちに天神に献上された。

このように、大筋は『古事記』と同様である。オロチ退治をしたスサノヲが、オロチの尾から剣を発見し、天神（アマテラス）に献上している。剣の名はいわゆる「草薙剣」としているが、直後の注釈（割注）で、この剣の本の名は「天叢雲剣」であると述べている。名前の由来はオロチがいる上に常に雲の気が漂っていたから、「天に叢がる雲」と書いて「天叢雲剣」と名付けられたのが、ヤマトタケルの時代に草薙剣と改められたと記されている。このように、『古事記』と『日本書紀』とでは、剣の発見時の名が異なるのである。先に記した通り、『尾張国熱田太神宮縁起』には「本名天叢雲劔。後改名草薙劔（剣のもとの名を天叢雲剣という。後に草薙剣と名を改める）」と、『日本書紀』の注釈と同様のことが記されている。逸文ではあるが、『尾張国風土記』を見てみると、剣が神々しく輝き、ただの剣でないことは読み取ることができるが、剣の名は記されていない。

以上のようにスサノヲによるオロチ退治の神話を『古事記』『日本書紀』で見てきた。このオロチ退治は島根県【しまねけん】の出雲【いずも】地方が舞台であることは有名である。出雲にはスサノヲやヤマタノオロチに関わる伝承地が数多く広がっている。高天原を追放されたスサノヲが降り

写真１　船通山（鳥取県日南町・島根県奥出雲町）／山頂に立つ碑に「熱田神宮宮司」と記されている。（2012年7月筆者撮影）

写真２　天が淵（島根県雲南市）（2016年3月筆者撮影）

立った山（写真1）や、ヤマタノオロチの巣であった淵（写真2）や滝、スサノヲがオロチ退治のために使った酒を造った湧水など、出雲の地と記紀神話は切り離すことのできない深い関わりがあるように感じる。では、『出雲国風土記』には草薙剣はどのように記されているのだろうか。実は、『出雲国風土記』にはヤマタノオロチは登場しない。オロチがいないのだから、当然、スサノヲのオロチ退治神話も無く、退治されたオロチの尾から剣が発見されることもない。『出雲国風土記』に登場するスサノヲの名の殆どは、地名の由来となった神の親がスサノヲであると記されるばかりで、記紀神話に見られるような雄々しい活躍は記されていない。『出雲国風土記』のスサノヲは「素朴な土地の神」〔川嶋芙美子二〇一一年〕として描かれているのである。

天孫降臨と三つの神宝

スサノヲがヤマタノオロチの尾から発見し、アマテラスへと献上した剣が、次に記紀神話に現れるのは、天孫降臨の場面である。アマテラスの孫にあたるニニギが、葦原中国を治めるべく、高千穂【たかちほ】へ降臨する神話が天孫降臨神話である。その中で、鏡・剣・玉は三つの神宝として、アマテラスからニニギに授けられる。先に引用した天孫降臨神話の現代語訳部分を再掲すると、以下の通りである。

『古事記』上巻・天孫降臨
（アマテラスはニニギに）八尺の勾璁・鏡・草那芸釼と、また、オモイカネ・タヂカラオ・アメノイワトワケをお添えになり、仰せられるには「この鏡は、私（アマテラス）の御魂として、私を祀るように祀り仕えなさい」。

『日本書紀』巻二・一書二
アマテラスは、手に宝鏡を持ち、オシホミミに授けて祝いでいうには、「私の子（オシホミミ）よ、この宝鏡を視るときは、私を視るようにまつりなさい。床を同じにし、殿を共にして、宝鏡としなさい」とおっしゃった。

このようにスサノヲによってアマテラスに献上された剣が、鏡・玉とセットとなり、三種の神器というこのうえない宝物として天孫降臨神話に再び登場するのである。以上を整理すると、地上世界で発見された剣は、天上へと献上された後はしばらく天上世界へと留め置かれ、天孫降臨の際に天孫（ニニギ）へと下賜され、地上へ降臨する天孫と共に再び地上世界へと戻ることとなる。

ヤマトタケルの東征

天孫降臨の際に三種の神器として地上世界に降った剣は、景行天皇条のヤマトタケルの神話の中で、再び現れる。

ヤマトタケルは記紀神話の中でも有名な人物ではあるが、特別にヤマトタケルの巻があるわけではない。景行天皇の息子である彼の活躍は、景行天皇条で見ることができる。ヤマトタケルのイメージは、主に『古事記』の記述に依る所が大きい。不慮の事故で兄を殺してしまい、父に疎まれたヤマトタケルは、都とは離れた地で非業の死を遂げる悲劇のヒーローとしての印象が強い。記紀で多少の人物像の違いはあるが、景行天皇条は天皇の命で各地へと遠征へ赴くヤマトタケルが記されている。草薙剣は、ヤマトタケルが東国へ蝦夷を征伐に行く際に登場する。では、その部分をまずは『古事記』から見ていこう。

『古事記』中巻　景行天皇条（倭健東征）

倭比売命。賜草那芸剣。亦賜御嚢而。詔。若有急事。解茲嚢口。

ヤマトヒメは（ヤマトタケルに）草なぎの剣をお授けになり、また嚢をお授けになって「もし火急の事があれば、この嚢の口を解きなさい」と仰った。

ヤマトヒメはヤマトタケルの叔母にあたる。斎宮となり、アマテラスを祀る地を、大和から伊勢へ移した人物である。ヤマトタケルは東征に赴く際に、伊勢にいるヤマトヒメを訪ねている。この時、草薙剣がヤマトヒメからヤマトタケルへと授けられた。伊勢神宮には三種の神器の一つである鏡が祀られていることから、この時まで三種の神器のうち、少なくとも鏡と剣は一か所で祀られていたと読み取ることができる。草薙剣を授けられたヤマトタケルは、それを携え、東征へと向かった。

『日本書紀』でも同様にヤマトタケルは、ヤマトヒメから草薙剣を授けられている。

『日本書紀』景行天皇四〇年十月七日条

仍辞于倭姫命曰。今被天皇之命。而東征将誅諸叛者。故辞之。於是倭姫命取草薙剱。授日本武尊曰。慎之莫怠也。

（ヤマトタケルは）ヤマトヒメに暇乞いをされて、「今天皇のご命令をお受けして。東方に赴き反逆者を誅伐しようとしております。それで暇乞いに参りました」と申し上げた。ヤマトヒメは草薙剣を取って、ヤマトタケルに授けて、「慎重にして決して油断なさるな」と言われた。

東征中のヤマトタケルには様々な困難が降りかかる。その一つに、東国の野で、火難にあい、草薙剣のおかげで難を逃れた神話が記されている。『古事記』と『日本書紀』を同時に見てみよう。

『古事記』中巻　景行天皇条（倭健東征）

故爾。到相武国之時。其国造詐白。於此野中有大沼。住是沼中之神。甚道速振神也。於是。看行其神。入坐其野。爾其国造。火著其野。故知見欺而。解開其姨倭比売命之所給嚢口而見者。火打有其裏。於是。先以其御刀苅撥草。以其火打而打出火。著向火而焼退。

（ヤマトタケルが）相模国【さがみのくに】に着いた時に、その国造が欺いて、「この野の中に大きな沼があります。この沼に住んでいる神はたいへん荒々しい神です」と申し上げた。そこでヤマトタケルはこの神をご覧になろうとして、その野に入って行った。すると国造は野に火をつけた。ヤマトタケルは騙されたのだと気付いて、ヤマトヒメから授けられた嚢の口を開けてみると、火打石がその中にあった。そこで、まずその御刀で草を刈り払い、その火打石で草に火をつけて火勢を退けた。

『日本書紀』景行天皇四〇年是歳条

賊有殺王之情。放火焼其野。王知被欺。則以燧出火之。向焼而得免〈一云。王所佩剱叢雲自

抽之。薙攘王之傍草。因是得免。故号其剣曰草薙也。〉

賊は王（ヤマトタケル）を殺そうという心があり、火を放ってその野を焼いた。王は騙されたと気付かれると、即座に火打を打って火を起こし、迎え火をつけて難を逃れることができた。〈一説に、王の腰に帯びた剣の叢雲が、ひとりでに抜けて、王の側近くの草を薙ぎ払った。これによって難を逃れることができた。それでその剣を名付けて草薙というのである。〉

『古事記』と『日本書紀』ではヤマトタケルを殺そうと野に火を放った人物は異なるものの、ヤマトタケルが、剣で周囲の草を薙ぎ払って、火に巻かれることを逃れたことが記されている。東国で起こったこの事件こそ、草薙剣が、「草を薙ぐ剣」である由来となっていることが、『日本書紀』の割注から読み取ることができるのである。

この後、無事に蝦夷の征伐を終えたヤマトタケルは、尾張国のミヤズヒメと結婚し、草薙剣を彼女に預けたまま伊吹山【いぶきやま】の荒ぶる神の退治に出かける。

『古事記』中巻　景行天皇条（倭健東征）

故爾。御合而。以其御刀之草那芸剣。置其美夜受比売之許而。取伊服岐能山之神幸行。

（ヤマトタケルとミヤズヒメが）ご結婚なさって、ヤマトタケルは、その腰に佩いていた草なぎの剣を、ミヤズヒメの許に置いて、伊服岐の山の神を討ち取りにお出かけになった。

『日本書紀』景行天皇四〇年是歳条

日本武尊更還於尾張。即娶尾張氏之女宮簀媛。而淹留踰月。於是聞近江膽吹山有荒神。即解釼置於宮簀媛家。而徒行之。

ヤマトタケルは再び尾張に帰られて、尾張氏の娘ミヤズヒメを娶り、久しく留まって月を過ごされた。その間に近江の膽吹山に荒ぶる神がいると聞かれて、剣をミヤズヒメの家に置き、素手で出かけて行かれた。

伊吹山の神の退治に失敗したヤマトタケルは、病に倒れ、尾張に戻ることなく亡くなる。尾張に残された草薙剣は、ミヤズヒメの手によって祀られ、その社が現代まで伝わる熱田神宮となるという神話である。

熱田に祀られた後の草薙剣

『古事記』は推古天皇の御代までしか記されていないため、景行天皇条以後に草薙剣の記述をみることは出来ない。一方、『日本書紀』にはヤマトタケルの神話以降も、わずかに草薙剣についての記述を見ることができる。

『日本書紀』天智天皇七年是歳条

沙門道行盗草薙劔逃向新羅。而中路風雨。荒迷而歸。

沙門の道行が草薙剣を盗み、新羅に逃げようとした。しかし、風雨にあい、帰ることができなかった。

同　朱鳥元年六月十日条

天皇病祟草薙劔。即日。送置于尾張国熱田社。

天皇の病は草薙剣の祟りである。すぐに尾張国熱田社に送り置いた。

天智天皇の御代に新羅僧に盗まれた草薙剣は、風雨によって船が日本に押し戻されたおかげで国外に持ち出されることはなかった。しかし、盗難にあったという事実から、熱田神宮には戻されずに、天皇の下に安置されることとなった。天武天皇の御代に、天皇が原因不明の病となる。原因を卜《うらな》った結果、草薙剣の祟りであると分かり、草薙剣は元の通り、熱田で祀られるようになる。現代も、草薙剣が再び熱田の地に戻ってきたことを祝う神事として、熱田神宮では毎年五月に「酔笑人神事《えようどしんじ》」が執り行われる。また、新羅僧が草薙剣を盗み出す際に通ったとされる清雪門《せいせつもん》は、熱田神宮境内にあり、開かずの門と呼ばれている。

四　草薙剣と天叢雲剣

前節までに、記紀神話を中心とした草薙剣の伝承について見てきたが、一つ、気付いた点がある。草薙剣と天叢雲剣の表記の違いである。試しに、いくつかの辞書を引いてみると、草薙剣の説明の中に、天叢雲剣のことであると記され、逆に、天叢雲剣の説明の中に、草薙剣であると記されている。辞書によっては、天叢雲剣と引くと、草薙剣を引くように誘導されるものもある。辞書を引かなくとも、少し神話に詳しい人ならば、天叢雲剣が、三種の神器の一つである草薙剣であると、当然知っている。しかし、先で見てきた神話をよく見て欲しい。「天叢雲剣」と記されているのは、『日本書紀』と『尾張国熱田太神宮縁起』だけであり、『古事記』には「天叢雲剣」の名は一切記されていない。『古事記』はヤマタノオロチの尾から剣が発見された時から草薙剣という名であり、「天に叢る雲」のことなど全く言及されていないのである。そもそも、『出雲国風土記』に三種の神器である剣についての記述がないため、出雲の地で発見された神話を持つ剣が、「草薙剣」という名であるか、「天叢雲剣」であるかは、他の史料や神話、伝承からでなければ読み取ることが出来ない。そして、それは、『古事記』では「草薙剣」であり、『日本書紀』では「天叢雲剣」後に改め「草薙剣」なのである。

三種の神器のうち、鏡と玉の名称について目を転じてみよう。鏡は単に「鏡」と表記されることが多いが、「八咫鏡」と記されることもある。玉は『古事記』では「八尺勾璁《やさかにのまがたま》」「八尺瓊之五百津《やさかにのいおつ》之美須麻流之珠《みすまるのたま》」、『日本書紀』では「八坂瓊曲玉《やさかにのまがたま》」などと記される。多少の省略や表記の差異はあったとしても、『日本書紀』における剣のように、一つの史料内で名称ががらりと変わることはない。

さらに『日本書紀』をよく見てみると、「天叢雲剣」の名が記されるのは、剣が初めて登場する、ヤマタノオロチ退治の神話と、剣の名称が変わる、ヤマトタケルの火難の神話部分のみである。時系列から考えれば、天孫降臨の際も、ヤマトタケルがヤマトヒメから剣を授かる際も、まだ、「草を薙いで」いないため、剣は「天叢雲剣」であり「草薙剣」ではない。しかし、いずれも「草薙剣」と記されている。また、『日本書紀』で「天叢雲剣」と記されている部分は、どちらも割注部分であり、補足説明のように記されているのである。つまり、三種の神器の一つである「剣」は「草薙剣」であり、草薙剣の本の名が「天叢雲剣」であったという神話は、『日本書紀』編纂段階で現れた伝承なのではないだろうか。

『日本書紀』の他に、「天叢雲剣」の名称が見られるのは『尾張国熱田太神宮縁起』である。しかし、『尾張国熱田太神宮縁起』は『日本書紀』からそのまま引用した部分が数多く確認できることはすでに指摘されている［青木周平（二〇〇三）］。そのため、「天叢雲剣」の部分も、『日本書紀』に依ったと考えられる。この他に「天叢雲剣」の名称に関わる記述として『豊受太神宮禰宜補次第《とようけだいじんぐうねぎしだい》』に「天牟羅雲命《あめのむらくものみこと》」を確認することができる。豊受太神宮は伊勢神宮の外宮のことであり、熱田神宮は伊勢神宮の特に外宮と深い繫がりがあったことを指摘する説もある［前川明久（一九六二）］。『日本書紀』はその編纂に多くの氏族が関わったことが指摘されており〔吉田一彦（二〇一六）〕、伊勢神宮の外宮に関わる氏族が『日本書紀』編纂段階で、草薙剣＝天叢雲剣の割注を挿入したと考えることもできるだろう。

おわりに

熱田神宮は三種の神器の一つである草薙剣を祀る神社である。しかし、古代の史料を見ると、尾張国の三宮であったり、神戸《かんべ》は伊勢神宮が約一〇〇〇戸なのに対し、五〇戸以下（『新抄格勅符抄』『続日本後紀』による）であったりと、同じ三種の神器を祀る神社として比べようもなかったことが分かる。『古語拾遺』の「所遺一（もれたるところ一）」には、草薙剣を神宝とする熱田社が、幣を奉る日（祈年祭・月次祭・新嘗祭）の神事に昔から修められていないと指摘されている。本稿では便宜上「熱田神宮」と表記してきたが、熱田「神宮」となったのは、明治に入り、当時の熱田神宮大宮司であった角田忠行【つのだ・ただゆき】氏の働きによって、「熱田社」から「熱田神宮」に改められたのである。それまでは熱田神宮は熱田社であり、『日本書紀』『尾張国風土記』にも「熱田社」と記されている。唯一、『尾張国熱田太神宮縁起』だけが「熱田太神宮」と記しているのである。『尾張国熱田太神宮縁起』の大部分は草薙剣にまつわる神話が記されており、角田氏が「神宮」と名称を改めようとした理由も、熱田が三種の神器である草薙剣を祀る神社だからである。

このように、熱田神宮は、神話の中では一貫して、草薙剣を祀るための場所なのである。熱田神宮の起源を歴史から論じるうえで、五世紀以前の尾張氏や、熱田台地やその周辺に分布する古墳などを視野に入れなければならないだろう。しかし、神話の中では、熱田社とは草薙剣が祀られる場所であり、草薙剣にはいつしか天叢雲剣という名称も付与されるにいたる。

注

（1）以下、『古事記』の原文・現代語訳の引用は、山口佳紀【やまぐち・よしのり】・神野志隆光【こうのし・たかみつ】校注・訳『古事記』〈新編日本古典文学全集〉小学館、一九九七年）、西郷信綱【さいごう・のぶつな】『古事記注釈』（筑摩書房、二〇〇五年）、古事記学会編『諸本集成古事記』（古事記学会、一九五七年）に基づき、私見を交えた。
『日本書紀』の原文・現代語訳の引用は小島憲之【こじま・のりゆき】・直木孝次郎【なおき・こうじろう】・西宮一民【にしみや・かずたみ】・蔵中進【くらなか・すすむ】・毛利正守【もうり・まさもり】校注・訳『日本書紀』（「新編日本古典文学全集」小学館、一九九四、一九九六、一九九八年）に基づき、私見を交えた。

『古語拾遺』の原文・現代語訳の引用は、西宮一民校注『古語拾遺』（岩波書店、一九八五年）、飯田瑞穂【いいだ・みずほ】校注『古語拾遺』（『神道大系』古典編五、神道大系編纂会、一九八六年）、沖森卓也【おきもり・たくや】・佐藤信【さとう・まこと】・矢嶋泉【やじま・いずみ】編著『古代氏文集』（山川出版社、二〇一二年）に基づき、私見を交えた。

『尾張国熱田太神宮縁起』の原文・現代語訳の引用は、小島鉦作【こじま・しょうさく】・井後政晏

【いじり・まさやす】校注『尾張国熱田太神宮縁起』（〈神道大系 神社編十九 熱田〉神道大系編纂会、一九九〇年）に基づき、私見を交えた。

参考文献

青木周平【あおき・しゅうへい】（二〇〇三）「『尾張国熱田太神宮縁起』の性格と古事記の引用」（青木周平編『古事記受容史』笠間書院）
川嶋芙美子【かわしま・ふみこ】（二〇一一）「『出雲国風土記』の成立とその特色」（『山陰の神々　古社を訪ねて』今井出版）
西田長男【にしだ・ながお】（一九六二）「尾張国熱田太神宮縁起」（『群書解題』一（中）、群書類従完成会）
西宮秀紀【にしみや・ひでき】（二〇〇〇）「『尾張国熱田太神宮縁起』写本に関する基礎的研究」（『愛知県史研究』第四号）
前川明久【まえかわ・あきひさ】（一九六二）「熱田社の起源について」（『法政史学』十五）
吉田一彦【よしだ・かずひこ】（二〇一六）『日本書紀の呪縛』集英社新書

コラム

戦前台湾における神社といけ花

やまだ　あつし

代表的な日本文化とは何か、世界に見せるに足りる日本文化とは何か、と聞かれたら皆さんはどう答えるでしょうか。今なら、アニメと答える人がいるかも知れません。世界文化遺産に登録された和食と答えるかも知れません。茶道と答える人も多いでしょう。でも、戦前台湾にいた日本人なら、代表的な日本文化は有形物としては神社、作法としてはいけ花と答えたでしょう。

第三部の小野論文や第一部の黄コラムが紹介する通り、日本は一八九五年から一九四五年まで台湾を統治しました。その間、多数の日本人が台湾へ渡りました。日本人には転勤族や出稼ぎが多かったものの、台湾を生活・商売の本拠とし家を建て家族を呼び寄せる人も少なくありませんでした。台北では、城内【じょうない】（清代の台北城の中）や古亭【こてい】（城内から南東へ延びた区域で大学がある）に日本人街が形成されました。どちらも今の台北市中正区【たいほくし・ちゅうせいく】、街の真ん中です。

台湾で日本人は支配民族として存在していました。統治機関であった台湾総督府《たいわんそうとくふ》は、日本人のために様々な便宜を図りました。日本人にとって最大の関心事はいかに儲けるかでしたが、子の教育や心の平安も重要でした。台湾に赴任した役人や会社員にとって、義務教育（当時は小学校だけ）で子の教育を終えさせるのは考えられないことでした。息子が通う中学校や娘が通う高等女学校（どちらも今の高校に相当）がなければ、彼らは日本に家族を残して台湾に単身赴任するしかありません。総督府は台湾各地に中学校と高等女学校を設置、さらに旧制高校や帝国大学も用意し、日本人の子の教育機会に配慮しました。

心の平安は特に統治前期の日本人にとって重要でした。日本が台湾の治安維持に成功したのは、漢族が住む平地でさえ一九〇二年になってからでした。以降も一九一五年まで漢族の武装闘争が頻発しました。原住民（先住民族と書かず原住民と書くことについては、黄コラム参照）が住む山地はさらに過酷でした。山地には樟脳（火薬やセルロイドの原料）の原料となるクスノキが多数生えていたため、一攫千金を狙う樟脳製造業者が多数入り込んで原住民の間にトラブルを起こしました。原住民は伝統的な「馘首」で業者に抵抗し、それに対し総督府は軍や警察による「討伐」を繰り返しました。一九一四年の「タロコ討伐戦」では佐久間左馬太【さくま・さまた】総督自ら率いる一一〇〇〇人以上の軍人や武装警察官が、今は観光地となっているタロコ渓谷に出撃しました。これら戦乱による死傷者の大多数は漢族や原住民でしたが、日本人の死傷も少なくなく、その中には北白川宮能久親王【きたしらかわのみや・よしひさしんのう】（一八九五年に台南で戦病死）や佐久間総督（タロコ討伐戦中に負傷し、その後遺症で翌一九一五年に死亡）もいました。これより先、北海道では日本人たちが心の拠り所として神社を建てており、一八七一年には北海道全体を代表する神社として札幌神社《さっぽろじんじゃ》（現・北海道神宮）が創建されていました。一九〇一年、台湾総督府は死者を弔うため、北海道を真似て台北市内を見晴らす丘の上に台湾神社《たいわんじんじゃ》を創建しました。能久親王は札幌神社の祭神であった開拓三神《かいたくさんじん》とともに、台湾神社の祭神となり、在台日本人の守護神となりました。例大祭日は能久親王の命日である一〇月二八日と定められました。

神社ができ、そこを心の拠り所にしようとする人がいれば、祭りをしようという話が出てきます。神社側にとっても、人々を神社に引き寄せる祭りは悪い話でありません。台北に来た日本人の男たちにとって神社の祭りと言えば、神事だけでなく神輿《みこし》や山車《だし》そして武道などの余興だったようです。例大祭前日になると神輿が神社から台北市内の御旅所《おたびしょ》へと渡り、台北市内を巡行して例大祭に神社へと戻るという祭りの流れが形成されました。興味深いのは、日本人たちが漢族にも台湾神社の祭りへの参加を呼び掛けたことです。漢族は最初、例大祭当日に日の丸を掲げる程度でした。ところが神社の祭りが漢族寺廟の祭りと同じような雰囲気であることが知れ渡ると、寺廟の祭りで行われていた余興が、台湾神社の祭りにも加わりました。そして台湾神社例大祭は、台北市最大の祭りとなりました。

日本人の数が増えるにつれ、最初は台湾神社遥拝で済ませていた台湾各地の日本人も、総督府を動かし、さらには自分たちでもお金を出して神社を設けるようになります。例えば、台中神社《たいちゅうじんじゃ》は一九一二年、嘉義神社《かぎじんじゃ》は一九一五年、台南神社《たいなんじんじゃ》は一九二三年にそれぞれ創建されました。祭神は台湾神社と同じく能久親王と開拓三神、例大祭も同じく一〇月二八日、そして神輿などの祭りが開かれるのも同じでした。このようにして、神社は台湾各地で日本文化の有形物としての象徴になりました。

いけ花はどうだったでしょうか。総督府が台湾各地に中学校と高等女学校を設置した話は先に述べました。日本文化を如何に子へ伝えるかは、当時の台湾にいた日本人にとって心配事でした。進学や徴兵そして仕事で日本本土へ行く機会が多い男子と違い、親元で暮らす傾向が強かった中流以上の女子は特に心配でした。そこで総督府から注目されたのが、高等女学校での日本文化教育でした。高等女学校の教育課程で必修なのは、修身、国語、外国語、地理歴史、数学、理科、図画、家事、裁縫、音楽、体操でしたが、各校は加えて手芸や教育（教職）を教授可能で、さらにいけ花や琴など課外教育を設けることもできました。総督府は一九〇九年、台北に高等女学校を設置すると、さっそくいけ花師匠を講師に招聘して課外教育を始めました。日本人以外の生徒もいましたが、彼女たちにも日本文化の象徴としていけ花が教えられました。高等女学校が増設される毎にいけ花師匠は招聘され、日本人であるか否かを問わず、女子生徒は皆、いけ花を教わりました。校外でのいけ花も盛んでした。日本各地から台湾へ、各流派の師匠が渡ってそれぞれ教室を開きました。

いけ花はなぜ選ばれたのでしょうか。記録は残っていませんが、いけ花の振舞いを見れば想像できます。一つは見栄えと普遍性です。花を美しく飾ることは、男にも異民族にも素晴らしさを感じさせせました。男の祭りとして始まった台湾神社の例大祭にも、一九一〇年代になるといけ花が不可欠な要素に加わります。神輿が通る街頭のショーウィンドウ内に、いけ花はその美を飾りました。もう一つは柔軟性です。台湾と日本は季節が違います。台湾で俳句を作ろうにも日本の歳時記のままではしっくりきません。花はどうか。台湾には美しい花が多々ありました。いけ花は、俳句ほどには季節の違いに悩まずに台湾の美を取り入れることができました。

このような日本文化は、戦後の中華民国《ちゅうかみんこく》統治の下でどうなったでしょうか。神社といけ花は対照的でした。神社は日本の軍事や治安の守護神という感じが強く、さらに一九三〇年代からの皇民化《こうみんか》政策の下、漢族の伝統文化を排撃して（例大祭から漢族色が姿を消したのもこの頃）寺廟を神社に置き換えたのが祟り、日本の敗戦後は逆に台湾から一掃されました。ただし建物は、宗教施設に再利用されたものがありました。今も神社建築を留める旧・桃園神《とうえんじん》社《じゃ》は、桃園における中華民国の英霊を祀る桃園市《とうえんし》忠烈祠《ちゅうれつし》として再利用されています。一方、いけ花は学校での教育からは外されたものの、台湾の花をも利用して美しく飾るという普遍性までは、中華民国も否定できませんでした。一九五〇年代に日本との交流が再開すると、いけ花の各流派が台湾での活動を再開し、今日に至っています。

第二章　三井寺説話から見る『法華験記』と地方寺院

市岡　聡

はじめに

京都市の北西にある比叡山は、大きく三つの地域に分けられる。このうちの一つ、「横川」【よかわ】にいた僧・鎮源【ちんげん】が十一世紀中頃に編んだ『大日本国《だいにほんこく》法華経《ほけきょう》験記《げんき》』という説話集がある。この書は『法華験記《ほっけげんき》』と略して呼ばれ、『法華経』を信仰することで起きた不可思議な出来事の話―霊験譚―を全一二九話収録している。比叡山、特に横川は、良源【りょうげん】による再興後、天台宗の教学の中心になっていくとともに、藤原師輔【ふじわらの・もろすけ】とのつながりが強まり、都の貴族との関係が深まっていった〔堀大慈（一九七六）二十六～四十二頁〕。

滋賀県にある聖衆来迎寺《しょうじゅらいごうじ》には、寛弘四年（一〇〇七）の年号が記載された『霊山院《りょうぜんいん》釈迦堂《しゃかどう》毎日作《まいにちさ》法《ほう》』という史料がある。これは、横川にあった「霊山院《りょうぜんいん》」という堂で毎日行われていた釈迦如来像への供養のしかたを定めたものであるが、この供養法の後に五四七名の人々が署名した「結縁《けちえん》交《きょう》名帳《みょうちょう》」と呼ばれる供養の当番者名簿がついている［堀大慈（一九八三）二八六頁］。ここには、僧や尼のほかに、貴族や地方豪族などの人々が多く署名している。この史料から、十一世紀の横川は、多くの人々がやって来て、たいへん活性化しており、いろいろな情報が集まってきたことが想像される。『法華験記』序には、「私鎮源は幸い『法華経』が栄えるところに生れ、常に法華経信仰によってご利益を得た人々の話を聞いている」（余幸に妙法繁盛の域に生れて、鎮に霊験得益の輩を聞けり）とあるが、法華経信仰による霊験譚が鎮源のもとに集まってきたのは、この時代の横川という環境的背景があってのことだろう。

『法華験記』にはさまざまな寺院が登場する。その中には十一世紀中頃にはまったく知られていなかったと思われる寺院、たとえば、紀伊国の道成寺《どうじょうじ》、周防国の二井寺《にいでら》[1]、山城国の蟹満多寺《かにまたでら》（紙幡寺《かみはたでら》）[2]、越後国の乙寺《きのとでら》などがある。なぜこれら無名の寺院を舞台にした説話が作られ、なぜ『法華験記』に収録されたのであろうか。この疑問はたいへん重要である。しかし、地方寺院には古代の史料が残っていないことが多いことから、この問題を詳細に論じた研究はない。本論文ではこの問題について、『法華験記』に登場する「二井寺」という地方寺院に関する二つの説話、「第七十五　斉遠法師《さいおんほうし》」と「第一一五　周防国判官代某《すおうのくにはんがんだいなにがし》」を題材にして考えていきたい[3]。なお、この論文ではこれら二話を合わせて「二井寺説話」と呼ぶこととしたい。

一　二井寺説話のあらまし

第七十五　斉遠法師

周防国出身の東寺僧・斉遠が壮年になってから二井寺に住むようになり、『法華経』の供養と霊験が著しい二井寺の観音像に対して供養を続ける。ある年に大雪が降り、斉遠は雪に閉ざされた二井寺で餓死寸前の状態になった。しかし、ある日の早朝、堂の前で狼に殺されて死んでいる鹿を見つけ、この肉を鍋で煮て食べることで命を繋いだ。後日、里の人が二井寺を訪問すると、柏の木の木片を煮た鍋が堂内にあるのを見つけ、斉遠にその理由と問うた。斉遠は、鹿肉が柏の木に変わったことを未曽有のことと思い、里人にこれまでにあったことを語った。そして、斉遠が観音像を見ると、像の腰が切り取られ、大きな穴が開いているのを見、観音像が鹿に姿を変え、自分を救ってくれたことを知る。その後斉遠は観音への信心を一層深めると同時に、『法華経』の修行に邁進した。

第一一五　周防国判官代某

この話の主人公は周防国玖珂郡出身の人で、周防国の「判官代」という職にある地方の有力者であった。判官代は、日頃から『法華経』を読経し、何年もの間二井寺観音に奉仕を続けていた。ある日、国府での仕事の帰り道に、判官代は彼を怨む者に切り殺されてしまうが、かすり傷ひとつ負うことなく、帰宅することができた。その夜、判官代は夢を見た。そこには、年老いた徳の高い僧が出てきて、「私は二井寺の観音である。突然の災難からあなたを救ったため、あなたの代わりにたくさんの傷を負った。嘘か真か知りたかったら、二井寺の観音像を見るべきである」と言った。目が覚めて、判官代は二井寺へ行き、観音像を見ると、バラバラになった観音像を目の当たりにし、たいへん嘆き悲しんだ。その後、遠近を問わずさまざまな人々が集まり、観音像を修理して美しく飾って供養をした。判官代は人々から「金《かね》の判官代」（不死身の判官代）と呼ばれ、彼を怨む者も悪しき心を消し、判官代と親しみなじむ仲となった。

二　地方寺院について

日本全国にあった寺院数は、『日本書紀』推古天皇三十二年（六二四）条には四十六ヶ寺とあり、天台宗の僧・皇円【こうえん】が平安時代末に著した歴史書『扶桑略記《ふそうりゃっき》』の持統天皇六年（六九二）条には五四五ヶ寺とあって、七世紀前期から後期にかけて爆発的に増えていることがわかる。七世紀末期の寺院は、考古学の成果として全国に約七三〇ヶ寺の寺院遺跡を挙げることができるといわれており［三舟隆之（二〇〇三）三三四～三七二頁］、『扶桑略記』の記述が過大なものでないことを裏付けている。この間に寺院の建設ラッシュがあり、畿内だけでなく地方にも多数の寺院が建立されたことが知られる。

地方寺院の多くは地方豪族層（多くは後に郡を統治する地方官である「郡司」層になる）によって建立された［吉田一彦（一九九五）二〜二十九頁］［三舟隆之（二〇〇三）三三四〜三七二頁］。寺を造る目的は、中央との政治・経済的関係からとらえた説や、「郡衙《ぐんが》」と呼ばれる郡を治める役所との関連でとらえた説がある。(4) また、社会秩序の動揺から地方有力者が新たな地位の確立を望んだ結果とする説［竹内亮（二〇一六）①一八五〜二二二頁］や、祖先信仰と王権への奉仕（史料上は「奉為天皇」と表現される）を行なうことで在地支配を確たるものにするという意識が含まれて寺院が造営されたという説［三舟隆之（二〇一三）①一五二〜一八〇頁］等がある。七世紀末までに寺院の数が急増した理由は、「地方豪族たち自身の意志」と「中央の政治権力による仏教の独占から解放へという変化」という二つの重要な要因が重なったためである［吉田一彦（二〇一七年）三三二〜三五五頁］。

地方寺院の経済は、寺院が独自に「荘園」と呼ばれる土地を取得してそれを経済的基盤とする場合や、国家や皇族、貴族等からの経済的援助を受ける場合があるが、地方豪族が創建した氏寺《うじでら》のような寺院であれば、その地方豪族が「檀越《だんおつ》」と呼ばれる経済的支援者になったことが想定できる。しかし、豪族からの援助という単一の財源のみだと、その豪族が衰退したときに、運命を共にせざるを得ないことになる。十世紀中頃から十一世紀にかけて、全国各地の地方豪族の衰退の影響を受けて、地方寺院の多くが落ちぶれて衰退していった。

三　二井寺

二井寺は、山口県岩国市の周東町【しゅうとうちょう】にあり、島田川【しまたがわ】が流れる玖珂盆地【くがぼんち】の南に位置する二井寺山【にいでらやま】の山頂付近にある寺院で、現在は「極楽《ごくらく》寺《じ》」と呼ばれている。同寺は、『続日本紀《しょくにほんぎ》』等の国史や『日本紀略《にほんきりゃく》』、『扶桑略記』などの史書に登場しない寺院であって、最古の史料の一つが『法華験記』である。

二井寺は「新寺」とも表記され、その名は「観音の化身が、「当山は三十三年ごとに焼亡することと七度に及ぶであろうが、そのたびに新造されるが故に新寺と呼ぶように」、と告げたのにちなんだ」〔周東町史編纂委員会編（一九七九）一三六頁〕と伝えられるように、何度も火災に遭っているためか(5)、古代にさかのぼる史料は見当たらない(6)。また、発掘調査も行なわれていないため、本章では古代の二井寺について、寺伝や玖珂盆地にある遺跡等の状況、他の地方寺院の事例を参考にしながら検討していきたい。

創建をめぐる伝承の評価

玖珂盆地周辺の丘陵などには縄文時代、弥生時代、古墳時代の遺跡が点在しており〔小野忠凞編（一九八六）二一三頁〕、島田川沿いにも遺跡や古墳が分布していることから〔三坂圭治（一九七一）

十八～三十二頁〕、玖珂盆地には、古くから多くの人々が住んでいたことがわかる。遺跡の状況から、後に中心地は玖珂盆地から島田川河口付近に移っていったというが〔角川日本地名大辞典・竹内理三編（一九八八）六十二頁〕、盆地内には条里制が起源と思われる水田の地割が広く残っているため〔三浦肇（一九八一）四十八～四十九頁、山口県教育委員会（一九八二）二三九頁〕、中心地が移動した後も、玖珂盆地では人々が活発に活動していたことがわかる。さらに、『延喜式《えんぎしき》』兵部省《ひょうぶのしょう》「諸国駅伝馬」第八十三条〔虎尾俊哉（二〇一七）四十三頁、五十二頁〕に見える山陽道の駅馬「野口」は、周東町に隣接する玖珂町野口【くがちょう・のぐち】にあったといわれており〔角川日本地名大辞典・竹内理三編（一九八八）二十九頁〕、玖珂盆地は交通の上でも重要な場所であったことが知られる。

元禄八年（一六九五）の『寺社記』[7]によると、二井寺は聖武天皇の天平年中（天平十六年（七四四））、玖珂大領（玖珂郡司）の秦皆足朝臣【はたの・みなたりあそん】という人物によって草創されたとある。玖珂盆地は古くから要衝の地であったため、寺院があることは自然であるし、考古学の成果から、山寺が急速に増える時期は八世紀半ばからであるというから〔梶原義実（二〇一七）一九七～一九八頁〕、『寺社記』の天平年中創建ということは信頼できる情報と考えられる。

「延喜《えんぎ》八年《はちねん》（九〇八・筆者注）周防国《すおうのくに》玖珂郷《くがごう》戸籍《こせき》」〔竹内理三編『平安遺文』古文書編第一巻、一九九頁〕に、秦氏を名乗る戸主が十四戸中五戸、戸口は百名以上いる点と、秦皆足が玖珂郡の郡司だったとされる点から、秦氏が玖珂地域の有力氏族だったとする説がある〔小川国治（一九九八）七十四～七十六頁〕。確かに、「周防国玖珂郷戸籍」では多くの者が秦氏を名乗っているので、十世紀初の玖珂郷に秦氏がいたことは間違いない。しかし、秦皆足については、その名を記す古代の史料がないため、彼が実在し、玖珂郡司を務めたという確証は得られない[8]。ただ、玖珂盆地にある条里制地割には玖珂郡衙があったといわれている点〔三浦肇（一九八一）四十九頁〕と、山陽道の駅馬があったという点を重視すれば、玖珂盆地に郡司を輩出した地方豪族がおり、二井寺が彼らの氏寺だったということは考えられる。

このように、二井寺が八世紀半ばに玖珂盆地に勢力を持った地方豪族の氏寺として建立されたこ

島田川に架かる入南橋から二井寺山方面を望む

極楽寺参道入口にある石碑

山頂付近に建つ観音堂

（いずれも令和元年五月四日に筆者が撮影）

とは確かであり、『寺社記』の記述の多くは、歴史的事実を伝えているものと考えられる。[9]

経済的支援と二井寺の性格

古代の古記録や古文書を見ても、国立歴史民俗博物館の「日本荘園データベース」（https://www.rekihaku.ac.jp）[10]を検索しても、二井寺が荘園を有していたという史資料はなく、玖珂郡内にあったいずれの荘園にも二井寺との関連性を示すものはない。また、二井寺が国家や皇族、貴族等から経済的援助を受けていたという形跡は、奈良・平安時代の史料には見当たらない。[11]これらから、二井寺の経済は、檀越である地方豪族に大きく依存していた可能性が高いことが推測される。

第七十五話には「里より人来れば」とあって、里の人が二井寺を訪れる様子が書かれており、第一一五話には「遠近の諸人、集会してこれを見て、観音を補治して、荘厳し供養せり」とあって、遠近の人々が二井寺に集まってきて、力を合せて観音像を修復したことが書かれており、「観音の瑞像、霊験顕然たり。判官代参仕供養すること、多くの年序を遥たり」とあって、周防国の判官代が長年にわたり二井寺観音を信仰していたことが書かれている。このような話の内容は、『法華験記』にある他の地方寺院に関連する説話に似かよった例がなく、特徴的である。ここに書かれた「里人」や「遠近諸人」がどのような階層の人かはわからないが、判官代のような地元の有力者をはじめとした村落の住民であることが想定できよう。

寺院の援助者には、檀越のほかに「知識《ちしき》」と呼ばれる地域住民がおり、彼らは金銭的な支援や労働力の提供を行なって寺院を援助していた［竹内亮（二〇一六）②二五三〜二六五頁］[12]。「延喜八年周防国玖珂郷戸籍」には、三三九人もの人名が記載されているが［小川国治（一九九八）七十五頁］、それよりも多い人々が玖珂郡にいたことは想像に難くない[13]。このような人々が知識として二井寺を援助し、寺院の運営をサポートしていたのではないだろうか。地元の有力者や村落住民から信仰されていた他の地域の例と［西口順子（二〇〇四）①一四一〜一六七頁］、『法華験記』の記述とを考え合わせると、二井寺は地方豪族だけではなく、様々な階層の人々から信仰され、経済的な援助を受けていたことが考えられよう。

ところで、二井寺が「二井山寺」や「山寺」とも呼ばれていて、村落内ではなく山の中にある寺院であった点と、斉遠法師が二井寺に籠り住んで修行をしていた点は注意を要する。これらから、斉遠は観音を本尊とした呪術的な加持祈祷を行なう密教僧（修験者）であった可能性が高いと推測され、二井寺は、修験者が修行する山岳寺院という側面を併せ持っていたことが考えられる。

以上から、二井寺は、①地方豪族の氏寺という側面、②地域の有力者や村落住民から信仰を集める寺院という側面、③山岳寺院的な側面、という三つの性格があり、地方豪族・地域の有力者・村落住民から経済的な支援をはじめとした様々なサポートを受けていたことが考えられる[14]。そして二井寺の僧がこれら信者からの現世利益的な願望に対して、呪術的な加持祈祷を行なうことでそれを叶える、密教を基礎とした呪術的な観音信仰（密教的呪術的信仰）［速水侑（一九七〇）二十三〜一一三頁］を広めていたことが考えられる。

衰退期の様相と転機

地方寺院は、地方豪族が退転を始める十世紀中頃から十一世紀に衰退を始めるといわれており、二井寺も平安末期には一時衰退していた〔宮田伊津美（一九九四）二十二頁〕。二井寺も地方豪族衰退後、村落住民からの援助はあったかもしれないが、たとえば、三重県・近長谷寺《きんちょうこくじ》の例〔西口順子（二〇〇四）①一四一～一六七頁〕を見ると、援助額はわずかであり、大きな期待は持ちにくかったものと思われる。二井寺にとって、檀越である地方豪族の退転による影響は計り知れないものがあったに違いなく、経済的に行き詰まって、衰退を余儀なくされたことであろう。

二井寺の転機は院政期に現れる。『寺社記』には、二井寺が後白河法皇【ごしらかわほうおう】の援助によって再建されたとある。二井寺のある玖珂荘は、後白河法皇の長講堂領《ちょうこうどうりょう》荘園の一つ〔木村忠夫（一九九九）三〇一～三〇二頁〕である点から、後白河法皇再建説は歴史的事実を伝えている可能性が高い。また、極楽寺鐘銘に「周防国玖珂庄新寺／文永九年（一二七二・筆者注）十一月　日／大工依□／願主明真[15]」とあるから、二井寺は十三世紀後半には復興し、鐘楼（鐘つき堂）を建築できるくらいまで復興されていたことがわかる。

四　二井寺説話の検討

二井寺説話に見える観音像の損傷

「第七十五　斉遠法師」には、「比丘後に観音を見るに、観音の御腰皆割き切られて、大きなる空の穴あり」とあり、二井寺の観音像が大きな損傷を受けていた光景が描かれている。「第一一五周防国判官代某」には「夢覚めて、判官代二井寺に往きて、観音を拝み奉るに、頭の上より始めて足の下に至るまで、一分も全きところなく、観音の御身に痕あり。手を折りて前に捨て、足を削りて傍に置き、観音の眼を刔り、観音の鼻を削れり」とあり、二井寺の観音像が解体に近い損傷を受けていた光景が読み取れる。この話には、さらに「遠近の諸人、集会してこれを見て、観音を補治して、荘厳し供養せり」とあって、人々の努力により観音像が復興した様子が描かれている。

二井寺観音像の破損に関する史資料は『法華験記』よりも前には見当たらないが、二井寺が何度も火災に遭っている点と『法華験記』の記事から、被災によって観音像が何らかの損傷を受けたことが想定できる。このように考えると、二井寺説話にある観音像の破損は、歴史的事実である可能性があって、観音像が補修をしなければならない状態にあったことが推定できる。

二井寺説話が作られた目的

二井寺説話が作られた時点で檀越からの経済的支援があったならば、観音像はただちに修復されたであろう。そして、もしそれが説話になるのならば、観音像が破損したままの情景で終ることはないだろうし、遠近の諸人ではなく、檀越が修復したとなるであろう。全国の地方寺院が衰退していく時期が『法華験記』の編まれた時期と重なる点と、村落住民が修復に関与している点とを考え合わせると、二井寺説話が作られた当時、二井寺の檀越は既に衰退していて、二井寺に経済的支援を与えることができなかったと考えるのが妥当であろう。

そうであるならば、二井寺を経済的に支援する者は村落住民となるが、その支援の規模はそれほど大きくなく、度重なる被災によって修復事業が多かっただろう二井寺にとっては、経済的に逼迫した状況になっていたことが考えられる。特に、観音の寺として信仰を集めてきた二井寺にとって、観音像の破損を修理することは急を要する事業であり、この事業を進めるためには村落住民以外の新たな援助者の信仰を集め、彼らからの布施を得る「施入」に期待を寄せたことが推定できる。

貴族の遠隔地への参詣は十世紀初めから見られるようになるが、貴族社会で遠隔地への参詣が活況を呈し、一つの風俗となるのは、十世紀末から十一世紀にかけてのことという［新城常三（一九八二）九〜十頁］。高野山や熊野は貴族の参詣者を誘致するために様々な宣伝活動を行い、長谷寺《はせでら》は自寺の信仰宣伝や参詣誘致のために説話を作るなどの積極的な努力を行っていたという［新城常三（一九八二）十六〜二十頁］。このような他の寺院の例を参考にすると、二井寺は、観音像の霊験が優れていることをアピールすることによって自寺の霊場化を図り、それによって天皇や皇族、貴族や国司等の有力者から施入してもらうことを期待したことが推定できる〔西口順子（二〇〇四）②一一九〜一四〇頁〕。(16)

二井寺説話の作者

「第八十五　仏師感世法師《ぶっしかんぜほうし》」は、日本思想大系の頭注が指摘するように、「穴穂寺縁起《あなほでらえんぎ》」と同内容であるが、第八十五話には寺院名が記載されていない。しかし、穴穂寺（京都府亀岡市【かめおかし】にある「穴太寺《あなおじ》」のこと）という寺名が記載されていなくても、話の展開に問題はない。このことから、観音や『法華経』の利益を説くのに寺院名は必ずしも必要ないことがわかる。

「第一〇七　大隅掾紀某《おおすみのじょうきのなにがし》」は、大隅掾紀某が『法華経』を信じ、読経し、暗誦し、観音を念じて、観音の縁日である毎月十八日に戒律を守り、午後には食事を摂らない「持斎《じさい》」と呼ばれる行為の功徳によって、人が通わないような島に置き去りにされたにもかかわらず奇跡的に救出されるという話であるが、この話には『法華経』と観音への信仰によって霊験を得たとあり、特定の観音像への信仰は説かれていない。また、「第一一四　赤穂郡盗人多々寸丸《あこうぐんぬすびとただすまろ》」は、多々寸丸が日頃の『法華経』の読経と観音への信仰の功徳によって、弓矢で射殺される苦を観音が代わりに受け、多々寸丸はその苦を免れることができたという話であるが、この話にも、特定の観音像への信仰は書かれておらず、『法華経』と観音への信仰によって利益を受けられると説いている。

このように、『法華験記』において観音の霊験を語る場合、必ずしも特定寺院の名を出さなくてもよく、観音と『法華経』への信仰があれば、観音からの利益を受けることができるとされている。これに対し、二井寺説話では、「二井寺」の名称が前面に出されて観音像の霊験が強調されている。観音の利益を説くならば不要なはずの寺院名が書かれていることは、二井寺という固有名詞を出して寺院を特定する必要があったからである。このようなことをする必要があるのは、二井寺以外にはなく、二井寺説話は二井寺の関係者が作った説話であると考えられる。

五　二井寺説話と勧進との関連

説話と勧進との関連性

桜井徳太郎氏は、二井寺説話のような観音が身代りになる話は、民衆への仏教の啓蒙と入信への勧進《かんじん》（人に仏教を教え、仏道に入らせるという意味。後に社寺への施入を求めるための活動という意味も加わる）を目的として、各地各所で作られたものであるという［桜井徳太郎（一九七五）四六〇頁］。

二井寺説話が信仰を集めるために作られた説話であるという点には賛同できるが、啓蒙と仏道に入らせるための勧誘にとどまるものではないと考える。確たる経済的基盤を失った二井寺にとって、被災した観音像や寺の施設を修理するために、多くの施入を得ることが重要であった。つまり、二井寺説話は、桜井氏が説いた目的だけではなく、人々の信仰を勝ち取り、彼らから経済的支援を受けられるようにするための、勧進の一手法だったと評価すべきである。

勧進のための説話の始まり

中世の寺社は、律令制の崩壊や朝廷権力の衰弱により、自らの存立のために、外部への積極的な教宣によって布施を募る「募財」という方法しかなく、「創建や由来を歴史的にあるいは物語的に説いて権威の昂揚を図り、本尊の利益効験を語って衆庶を誘引するために、縁起作成を競うようになる」という〔徳田和夫（一九八八）一三〇～一三一頁〕。勧進による募財にという点と、多くの人々を誘引するために縁起のような説話が作られるという点は賛同できる。しかし、地方寺院に関していえば、その多くが十一世紀までに衰退しているため、中世になってから募財のための勧進活動が始まったとするのでは遅すぎる。

生産手段を持たない僧侶にとっての勧進活動とは、自身が生きながらえるための重要な手段であって、寺院存続のための勧進は平安中期には行われていた。たとえば、源為憲【みなもとの・ためのり】が編んだ『空也誄《くうやるい》』には、「貴賤に勧め、知識に唱え、金色の一丈の観音像一体と、六尺の梵王・帝釈・四天王像各一体を造れり」（原漢文。『続群書類従』第八輯下）とあって、空也【くうや】が天暦五年（九五一）に貴賤を相手とした勧進によって仏像を造立したとあり、十世紀中頃には勧進による造仏が行われていた。このように、平安時代中期には施入による事業費確保によって経済的自立を図ろうとした寺院が存在していた。二井寺説話は、十一世紀中頃までに行われた地方寺院の勧進による募財の事例として位置付けることができると考えられる。

説話が鎮源の手元に届くまで

二井寺説話が『法華験記』に掲載されるには、鎮源がこれらを知る必要がある。二井寺説話に関していえば、鎮源が諸国を巡って採話したと考えるよりも、二井寺が山寺であり修験の寺だったという性格から、諸国を巡礼する「聖《ひじり》」と呼ばれる僧たちが二井寺に寄宿した際、二井寺説話を寺外に運び出して鎮源に伝えたと考えた方が適当であろう。

『法華験記』には、日本国中の多くの霊験寺院や霊山を巡った僧の話（第六十話）、日本全国を経巡る聖の話（第六十八話）、伏見稲荷、長谷寺、金峰山【きんぷせん】、熊野、住吉大社、伯耆大山【ほうきだいせん】を巡礼した法師の話（第八十話）、立山や白山をはじめとした諸国の霊山を巡っていた僧の話（第八十九話）などが掲載されている。十世紀から十一世紀にかけての平安時代中期には、「地方を周遊して居所を定めず、広く民衆世界を歩きまわる聖が多く」なり［井上光貞（一九五六）二二七頁］、諸国の観音霊場は「聖の住所」として諸国遊行の聖・修験者の寄宿所であった［速水侑（一九七〇）二六三～二六四頁］。

これらから、二井寺説話は、諸国の霊場を巡礼していた聖（廻国聖）のような者［井上光貞（一九五六）二二八頁］の手によって比叡山にもたらされ、鎮源の耳目に触れることになったものと推測できる。では、鎮源は比叡山のどこで二井寺説話に接したのか。私見の構想としては、「はじめに」でも取り上げた「横川」と「霊山院」がその場ではないかと考えており、霊山院に関する検討は行なったが［市岡聡（二〇一四）四十四～六十二頁］、『法華験記』と霊山院との詳細な検討については別に述べることにしたい。

おわりに

奈良時代に周防国玖珂郡の地方豪族によって創られた二井寺は、地方豪族だけでなく地域の人々からも信仰された観音信仰の山寺であったが、十世紀中頃から十一世紀にかけて地方豪族が衰退していくとともに、同寺も大きな財源を失い、衰退を余儀なくされた。二井寺は度重なる火災等による損傷を修復する必要に迫られ、その財源を確保する方法として有力者からの施入を期待した。二井寺は、自寺の観音像が霊験あらたかであることをアピールする説話を作って有力者たちに説教をし、彼らの信仰を獲得することで財源確保を目指す勧進の道を選んだ。この勧進のための説話が本論文で見てきた二井寺説話であり、その作者は二井寺の関係者、成立時期は二井寺の衰退が始まる十世紀中頃から、『法華験記』ができる十一世紀中頃までの間と考えられる。

全国の地方寺院の多くは、檀越である地方豪族の衰退とともに衰えていき、あるものはそのまま消滅して遺跡となり、あるものは勢いを盛り返し、近現代まで続く寺院となった。『法華験記』が編まれた十一世紀は、多くの地方寺院が衰退していく時期であると同時に、再び盛んな寺にするための策が考案された時代でもあった。

二井寺説話が寺院の生き残りのための説話であるとする本稿の結論は応用可能であり、たとえば、「第一二九　紀伊国牟婁郡悪女」（以下「道成寺説話」という）に登場する道成寺という寺院にも当てはめることができる［市岡聡（二〇一九）］。道成寺は、奈良時代前期に仏堂が造られ、奈良時代後期から十世紀中頃までは大いに栄えたが、十世紀中頃から十四世紀中頃までは衰退していた。道成寺説話は、本尊である観音への帰依を一切説かず、寺の鐘を中心とした話になっているのと、十一世紀中頃の道成寺は衰退期にあったことから、何らかの理由で使えなくなった鐘を再び鋳造するための資金集めを目的とした勧進用に作られた説話であると理解できる。

二井寺説話や道成寺説話を本稿のように読解することで、地方寺院の衰退に対して寺の僧たちがどのように立ち向かっていったのかということを考えることができるようになる。今回は二井寺の事例から考えてきたが、「第一一三　山城国《やましろのくに》久《く》世《ぜ》郡《ぐん》女人《にょにん》」が『日本霊異記』巻中十二と類似しながらも、これとは異なり「蟹満多寺」の縁起になっている理由や、「第一二四　越中国《えっちゅうのくに》立山《たてやま》女人《にょにん》」前半にある立山の風景の詳細な描写の存在理由、「第八十　七巻持経者明蓮法師」において、明蓮が全国の霊験寺社や霊山への巡礼をし、最後に伯耆大山でお告げを受けたという内容になった理由も理解できるようになると考えているが、これらについての考察は別の論文にて行ないたい。

注

（1）『法華験記』では「三井寺」と記載されるが、日本思想大系本第七十五話頭注は「二井寺」が正しい寺名であるという。他方、広瀬喜運が十九世紀初めに著した『玖珂郡志』では「三井寺」が正しいとする。本稿では、現在、極楽寺がある山が二井寺山と呼ばれていることを尊重し、「二井寺」と呼ぶこととする。

（2）日本思想大系本頭注によると、蟹満多寺は奈良県木津川市にある「蟹満寺」であるというが、第一二四話の蟹満多寺は久世郡にあり、蟹満寺は相楽郡にあるため、同一の寺かどうかは検討を要するものと考えている。

（3）本論文における『法華験記』の引用は、「日本思想大系本」［井上光貞・大曾根章介校註（一九七四）『日本思想大系　往生伝　法華験記』岩波書店］の訓読を利用する。

（4）先行研究のまとめについては、［三舟隆之②（二〇一三）三〇八～三一六頁］を参考にした。

（5）『玖珂郡志』には「当山へ大内家数代ノ判物ハ皆々火事ニ焼失シテ（後略）」とあり、『寺社記』には永正年中（一五〇四～二一）に大火があり、武蔵坊弁慶の大豆借用書が焼失したとある。また、慶長年間（一五九六～一六一五）には諸堂宇が焼失している［全日本仏教会・寺院名鑑刊行会編（一九六九）山口県・十三頁］。

（6）［周東町史編纂委員会編（一九七九）一三六頁］には、治安三年（一〇二三）『新寺縁起』があるというが、筆者未見。なお、『玖珂郡志』には、「周防国判官代某」の判官代を秦皆足四代孫・助述、怨敵を岩国住人・源純頼朝臣とする第一一五話類似の話が掲載されており、その出来事を治安三年（一〇二三）の出来事と伝えている。そこには、「委細、旧記ニ詳也」とある点から、この「旧記」は『新寺縁起』の可能性がある。

（7）岩国徴古館蔵。九分冊。二井寺関係の記事は『寺社記（五ヶ寺）』（番号：V-8 48-8）の妙福寺の項にあり、同書「五ヶ寺目録」には「一　妙福寺〈幷二井寺一山〉」とある。令和元年五月四日筆者実見。

（8）［下中邦彦（一九八〇）三十五頁］には、「周防国玖珂郷戸籍」にある「柞原郷戸主秦末成」という人物は秦皆足の一族とみなせるというが、この説では末成と皆足との関連性についての史料が提示されていないため、彼らを一族とみなせるかは不明である。また、［森公章（二〇一九）一五三頁、二三一頁〜二三五頁］を見ると、周防国玖珂郡司に秦氏の名前は確認できない。

（9）玖珂郡衙は「玖珂郷の古郷域のうち玖珂本郷の地に置かれていたと推定されている。この玖西盆地には条里地割が分布し、山陽大路の野口駅や関連のある遺跡が多いことからその可能性が高いが、直接関係のある遺構が見つかっていないので具体的な所在地を指摘することができない」［小野忠凞（一九八五）三五三頁］という。玖珂郡衙跡とされる遺跡は不明である上に、二井寺が山寺であるため、他の氏寺とは立地条件等の関係で氏寺であるかどうか疑問があるが、玖珂町および周東町内には古代寺院の遺跡がない点と『寺社記』の記述から、本稿では地方豪族の氏寺と考えたい。

（10）［清水正健（一九六五）一九九九〜二〇〇七頁］によると、玖珂郡内には玖珂荘、由宇荘、大野荘、伊保荘、岩国本荘、楊井本荘、新荘、山代荘、揭荘、與田荘という荘園があったという。

（11）［宇佐美正利（一九七六）九十三頁］、［荒井秀規（二〇一三）一九〇〜一九一頁］の定額寺一覧を見ても二井寺の名はない。

（12）二井寺と知識との関連については、［周東町史編纂委員会（一九七九）一三七頁］でも触れられている。

(13)「延喜八年周防国玖珂郷戸籍」には女性の名前が多く記されている割に、青年男性の名前が少ないことから、偽戸籍であるという説が有力である。同戸籍に書かれていない男性がいたことを鑑みると、三三九人よりも多い人が玖珂郷にいたことは明らかであろう。

(14)［上川通夫（二〇一七）五十五頁］によると、中世史研究のおける山寺は「人里離れた修行の空間」ではなく、里山で里人と関係をもつ場合が普通だったのではないかという。山寺と里人との関係性は賛同できるが、中世だけではなく、古代社会においてもその関係性があったことを二井寺の例は示していると考える。

(15)鐘銘は［坪井良平（一九七二）九十七頁］を参考に、令和元年五月四日に筆者が実見したところを加味して記載した。なお同銘は陽鋳だった。

(16)西口②論文では、王臣勢家からの施入のみを想定しているが、二井寺の場合、第一一五話で周防国判官代某が二井寺を信仰していたとある点から、本稿では国司等の地方の有力者も含めることとした。

参考文献

荒井秀規【あらい・ひでき】（二〇一三）「国分寺と定額寺―国分寺創建期を中心として―」（『国分寺の創建　組織・技術編』吉川弘文館）

市岡聡【いちおか・さとる】（二〇一四）「霊山院の創設、発展及び廃絶について」（名古屋市立大学大学院人間文化研究科『人間文化研究』第二十二号）

市岡聡【いちおか・さとる】（二〇一九）「道成寺と『法華験記』―鐘鋳勧進と説話の成立―」（『藝能史研究』第二二四号）

井上光貞【いのうえ・みつさだ】（一九五六）『新訂日本浄土教成立史の研究』山川出版社
宇佐美正利【うさみ・まさとし】（一九七六）「定額寺の成立と変質―地方定額寺を中心として―」（下出積與編『日本史における民衆と宗教』山川出版社）
小川国治【おがわ・くにはる】（一九九八）『山口県の歴史』山川出版社
小野忠凞【おの・ただひろ】（一九八五）『山口県の考古学』吉川弘文館
小野忠凞【おの・ただひろ】編（一九八六）『日本の古代遺跡30　山口』保育社
梶原義実【かじわら・よしみ】（二〇一七）『古代地方寺院の造営と景観』吉川弘文館
角川日本地名大辞典編纂委員会・竹内理三【かどかわにほんちめいだいじてんへんさんいいんかい・たけうち・りぞう】編（一九八八）『角川日本地名大辞典　山口県』角川書店
上川通夫【かみかわ・みちお】（二〇一七）「山寺における文字文化の形成と発見―三河国普門寺の文化遺産―」（説話文学会編『説話文學研究』第五十二号）
木村忠夫【きむら・ただお】「周防国」（一九九九）（網野善彦・石井進・稲垣泰彦・永原慶二編『講座日本荘園史9　中国地方の荘園』吉川弘文館）
桜井徳太郎【さくらい・とくたろう】（一九七五）「縁起の類型と展開」（日本思想大系『寺社縁起』岩波書店）
清水正健【しみず・せいけん】編（一九六五）『荘園志料　下巻』角川書店
下中邦彦【しもなか・くにひこ】編（一九八〇）『日本歴史地名大系　山口県の地名』平凡社
周東町史編纂委員会【しゅうとうちょうしへんさんいいんかい】（一九七九）『周東町史』周東町役場
新城常三【しんじょう・つねぞう】（一九八二）『新稿　社寺参詣の社会経済史的研究』塙書房
全日本仏教会・寺院名鑑刊行会【ぜんにほんぶっきょうかい・じいんめいかんかんこうかい】編（一九六

九）『全国寺院名鑑』全日本仏教会・寺院名鑑刊行会
竹内亮【たけうち・りょう】（二〇一六）「古代の造寺と社会」（同『日本古代の寺院と社会』塙書房）
（竹内①）
竹内亮【たけうち・りょう】（二〇一六）「古代地域社会における知識結集」（同『日本古代の寺院と社会』塙書房）（竹内②）
坪井良平【つぼい・りょうへい】（一九七二）『日本古鐘銘集成』角川書店
徳田和夫【とくだ・かずお】（一九八八）「勧進聖と社寺縁起―室町期を中心として―」（同『お伽草子研究』三弥井書店）。
虎尾俊哉【とらお・としや】編（二〇一七）『延喜式　下』集英社
西口順子【にしぐち・じゅんこ】（二〇〇四）「九・十世紀における地方豪族の私寺」（同『平安時代の寺院と民衆』法藏館）（西口①）
西口順子【にしぐち・じゅんこ】（二〇〇四）「平安初期における大和国諸寺の動向」（同『平安時代の寺院と民衆』法藏館）（西口②）
速水侑【はやみ・たすく】（一九七〇）『観音信仰』塙書房
堀大慈【ほり・だいじ】（一九七六）「横川仏教の研究」（『史窓』京都女子大学文学部史学会）
堀大慈【ほり・だいじ】（一九八三）「二十五三昧会と霊山院釈迦講―源信における講運動の意義―」（『日本名僧論集　源信』吉川弘文館）
三浦肇【みうら・はじめ】（一九八一）「山口県下における条里遺構について」（『歴史地理学』一一五　歴史地理学会）
三坂圭治【みさか・けいじ】（一九七一）『山口県の歴史』山川出版社

三舟隆之【みふね・たかゆき】（二〇〇三）「地方寺院造営の背景―七世紀後半の東国を中心として―」（同『日本古代地方寺院の研究』吉川弘文館）。
三舟隆之【みふね・たかゆき】（二〇一三）「古代寺院の造営意識―「奉為天皇」考―」（同『日本古代の王権と寺院』名著刊行会）（三舟①）
三舟隆之【みふね・たかゆき】（二〇一三）「地方寺院の性格―氏寺説から―」（同『日本古代の王権と寺院』名著刊行会）（三舟②）
宮田伊津美【みやた・いつみ】（一九九四）『防長歴史探訪（五）』山口銀行
森公章【もり・きみゆき】（二〇一九）『「郡的世界」から国衙支配への歴史的変遷に関する基礎的研究』（平成二十六年度～平成三十年度科学研究費補助金（基盤研究（C）研究成果報告書）
山口県教育委員会編（一九八二）『山口県百科事典』大和書房
吉田一彦【よしだ・かずひこ】（一九九五）「国家仏教論批判」（同『日本古代社会と仏教』吉川弘文館）
吉田一彦【よしだ・かずひこ】（二〇一七）「飛鳥の仏教の文化圏―道慈以前の日本の仏教―」（蔵中しのぶ編『古代の文化圏とネットワーク〈古代文学と隣接諸学2〉』竹林舎）

第三章　末法の克服——最澄の末法思想の理解をめぐって——

柴田　憲良

はじめに

近年各地で頻発している自然災害や地球温暖化をはじめとする環境問題、少子高齢化などの社会問題、戦争、核、貧困……さらには個人的な問題意識をも含めて、将来への不安は挙げれば切りがない。リーマンショックによる不景気の真っ只中に大学生活を送り、年金がきちんと支給されるのか不安を抱えながら、日々の消費に頭を抱えつつ将来に備える筆者世代には、右肩下がりの未来を予測することはむしろ必然である。

さて、仏教には、右肩下がりの未来を約束する思想がある。末法《まっぽう》思想という。

末法思想とは、釈尊が説いた教えが、時間の経過とともにどんどん衰退していき、国土も人心も荒廃したあげく、最終的には仏法が滅びてしまうだろうという予言説である。末法は、正法《しょうぼう》↓像法《ぞうぼう》↓末法《まっぽう》↓法滅《ほうめつ》へと衰退していく中の第三番目に当たる。もうまもなく末法の世が訪れてしまうという危機感やすでに末法の世になってしまったという絶望感が強く意識されたことから、特に取り上げて「末法思想」と呼ばれている。試みに高校日本史の教科書を開いてみると、盗賊や乱闘、災厄がしきりに起こる世情が末法の世の姿によく当てはまると考えられたことにより、来世で救われたいという願望が高まって、浄土教の信仰を一層強めることにつながった、とある（『詳説日本史B』山川出版社、二〇一五年発行、七四ページ）。これを素直に読解すれば、末法の世になれば現世での救いを諦めざるを得ない、そんな悲壮感漂う思想が末法思想だと理解されよう。

計算上、現代は末法の世に当たる（年次計算については後述）。では、末法の世に生まれてしまった私たちには、現世での救いは無いのであろうか。

平安時代初めに活躍した最澄【さいちょう】（七六六、一説七六七～八二二）は、この問題について真剣に考え、末法の世を克服する方途を構想した。本稿では、最澄の末法思想がどのようなものであったか、考えていきたい。

一　末法の世に救いはあるのか

仏法はどんどん衰退していく

仏教は、かつてインドで釈尊が真理に目覚め、それを教えとして弘めたことにはじまる。悩みを抱えた人々が、現代においてもなお仏教によって救われるのは、真理が普遍的なものだからである。

修行僧が、釈尊の入滅後であっても、生前と変わらずに修行を続けていけたのは、そうした理由からである。

しかし、仏教は、その流通において、正法・像法・末法という三時の変遷を認めている。

正法は正しい教えが伝わる時代、像法は正しい教えによく似た教えが伝わる時代、すなわちコピー商品が出回る時代である。末法は、教えが廃れてしまう時代である。そして最終的には、教えそのものが無くなる法滅の時代が訪れるという。

唐の基【き】（六三二〜六八二）によれば、正法の世には、釈尊が説いた教え（教）と修行する者（行）と真理をさとる者（証）の全てが存在するが、像法の世になると、教えと修行者は存在するものの、さとる者はいなくなる。そして、末法の世が訪れてしまうと、教えのみがむなしく存在するだけで、真剣に修行する者もまたしてやさとる者もいなくなってしまうという（『大乗法苑義林章』・図表参照）。

こうした正像末の三時説に基づくならば、正法→像法→末法へと一方向的かつ不可逆的に衰退していくことが定められており、そこからは逃れられようがないように思われる。

末法の世の到来は、仏教を信仰する者にとって深刻な問題だったのだ。

では、なぜこうした悲観的な思想が構想されたのであろうか。

基が説く三時説

	正法の世	像法の世	末法の世
教	○	○	○
行	○	○	×
証	○	×	×

仏教者は、釈尊が活躍した時と、今ここに存在する自身との時間的・空間的距離を常に意識してきた。つまり、遠い昔、はるかかなたにあるインドで、釈尊が真理に目覚めたブッダとなり、教えを説いて、入滅した。そこを起点として自身との距離が離れれば離れるほど、正しく仏教が伝わっていないのではないかという疑念が湧くのも仕方のないことだろう。時間と距離が長くなればなるほど情報は正確性を欠いていく。伝言ゲームを思い出して欲しい。間に人が入れば入るほど、言葉はどんどん変化していき、元々のメッセージとはかけ離れた内容が伝達されてしまったことがあっただろう。

中国における末法思想の流行

中国における末法思想の文献上の初見は、慧思【えし】（五一五〜五七七）の『立誓願文《りっせいがんもん》』（五五八年）だとされる。本書には、慧思が末法に入って八十二年目の年に生まれたと記されている。この記述により、慧思は、四三四年に末法に入ったと理解したことが明らかとなる。

末法に入る年を確定するには、釈尊の入滅年と、正法・像法・末法をそれぞれ何年とするかを確定する必要がある。

中国では、釈尊の入滅年を周の穆王【ぼくおう】五十二年（紀元前九四九）とし、正法五百年・像法千年説（慧思『立誓願文』には、正法五百年・像法千年・末法万年説が記されている）が有力説となった。これに基づいて計算すれば、五五二年に末法に入ることになる。これは慧思の理解と異なるものだが、当時の多数派だったと考えられる。五五二年説は、北周の武帝【ぶてい】（五四三〜五七八、在位五六〇〜五七八）による徹底的な廃仏政策（五七四・五七七年）が断行されたことから、末法の世が現実的に到来したと強く実感したことに原因があった［藤井教公二〇一〇］。

日本における末法思想の流行

ただし、こうした正法・像法・末法の三時の年数規定にはいくつかの説があり、朝鮮半島や日本では、正法千年、像法千年とする説が有力となった。さらに、起点となる釈尊の入滅年についてもまた諸説ある中、周の穆王五十二年（紀元前九四九）説が採用された。その結果、日本では、一〇五二（永承七）年から末法の世に入るのだと考えられるにいたった。

一〇五二年は、京都府宇治市の平等院が創建された年である。末法の世の到来を恐れた貴族は、来世で極楽に往生できるように願い、阿弥陀仏を信仰したのである。

また、一〇〇七年（寛弘四）、藤原道長【ふじわらの・みちなが】（九六六〜一〇二八）は、金峯山に参詣し、そこで経筒の埋経を行った。経筒には、自らが書写した、『妙法蓮華経』、『無量義経』、『観普賢経』、『阿弥陀経』、『弥勒経（上生・下生・成仏経）』各一巻、『般若心経』が納められた。『法華経』を書写した理由は、釈尊の恩に報い、弥勒に知遇し、蔵王権現に親近して、自らのさとりの獲得を祈るためであり、『阿弥陀経』を書写した理由は、臨終の際に身心が散乱せず、極楽に往生するためであった。『弥勒経』を書写した理由は、弥勒仏の出世の時に、極楽から弥勒に会いに来ることができるように、さらにその時には埋めた経巻が自然に涌き出てきて、そこに集まった人々を喜ばせることができるようにと、そうした願いが記された。

弥勒は、釈尊のように真理に目覚めてブッダとなることが約束された菩薩である。弥勒菩薩は、兜率天《とそつてん》にて待機しており、釈尊の入滅後、五十六億七千万年経ったころ、この世界に下りてくる。これを「下生《げしょう》」という。弥勒菩薩は、衆生が苦しむ様子を憐れんで出家し、龍華樹《りゅうげじゅ》という木の下で成道して、多くの衆生を悟りに導くとされる［菊地章太二〇〇三］。

道長が経筒を埋めた意図は、弥勒の下生の時を待つためだと経筒に記されている。道長は、現代でいうタイムカプセルのように、五十六億七千万年後にこの世に下生する弥勒仏に、自らの写経の功徳を見てもらおうとしたのである。

慧思もまた、末法到来に対する危機意識から、金字の『般若経』と『法華経』を七宝の宝冠に入れ、五十六億七千万年後の弥勒の下生に備えたという。

つまり、末法の克服については、すでに弥勒仏という救世主が設定されていて、はるか遠い未来での救済は保証されていたのである。しかしながら現世での救いはあきらめているようにも思える。ではやはり末法の世には救いはないのであろうか。

末法思想研究の動向

日本の末法思想に関する研究では、近年、大きな思想的転換が起きている。

かつて井上光貞【いのうえ・みつさだ】（一九一七〜一九八三）が論じた末法思想の理解は、広く受け入れられ、定説となった。井上の理解は、次のようなものである。日本の中世における末法思想は、貴族だけではなく武士や民衆にも広まっていた。古代国家秩序が崩壊していく絶望観が、階級を越えて社会全体に末法を自覚させたのである。すなわち、貴族たちはその支配権の没落を通じて末法を自覚し、武士や民衆もまた、古い社会秩序の崩壊によって起こってきた国土の衰微・戦乱の連続・天災地変など、乱世の兆によって末世の自覚を深く呼び起こされ、これによって浄土教が発達したのだという［井上光貞一九五六・一九六〇・一九七一］。この説が発表されて以後、仏法の衰退を強く意識させる末法思想の普及と、現世での救済をあきらめ、極楽浄土への往生を目指す厭離穢土《えんりえど》の思想とを関連付けて説明する理解が定説となっていった。冒頭の高校日本史の教科書は、井上説に基づいて解説されている。これは、仏法が一方向的かつ不可逆的に衰退していくことが宿命的に定められているとする末法思想の理解である。

しかし、近年の研究によれば、末法思想は、井上説に代表されるような、仏法の衰退を説くだけの消極的な思想ではなく、潜在的には仏法興隆を前提として説かれた積極的な意義を持つ思想だと見直されてきている［上川通夫二〇〇〇・佐藤弘夫一九九九・平雅行一九九二・吉田一彦二〇一二］。

本稿では、近年の研究成果をヒントに、比叡山における末法思想の基盤を作った最澄の末法思想の理解について考えていきたい。

二　最澄の末法思想の理解と時代認識

最澄の大乗戒独立運動

七八五（延暦四）年、最澄は、二〇歳（または十九歳）の時、東大寺戒壇院において具足戒を受戒した。具足戒とは、およそ二百五十種類の具体的な生活規則で、正式な僧侶となるためには必ず受けなければならず、受戒後もずっと守り続けていかねばならない資格であった。

しかし、八一八（弘仁九）年、最澄は、具足戒の棄捨を宣言した。そして、『梵網経《ぼんもうきょう》』に説かれる十重《じゅうじゅう》四《し》十八《じゅうはち》軽戒《きょうかい》のみを受持することで、正式な僧侶として認可されるよう朝廷に働きかけた。具足戒は僧侶の資格であるため、これを捨てれば当然僧侶として認められないことになる。一方、『梵網経』の十重四十八軽戒は、大乗戒あるいは菩薩戒と呼ばれ、利他行をすすめる心構えを規律化したもので、罰則規定もなければ、これを受けたところで僧侶とはみなされないものであった。当時の僧侶は、具足戒を受持した上で、さらに『梵網経』の戒を受戒することで大乗仏教を標榜していたのである。

ところが、最澄は、具足戒が自身の仏道修行の達成を目的とする修行者たち（声聞《しょうもん》）のための戒律であるため、これを保持する限り、真の大乗仏教とは言えないと批判した。最澄は、声聞の要素を持つ具足戒を捨て去り、菩薩による護国を目指すために『梵網経』の戒だけを受持すべきだと主張したのである。

こうした最澄の提案は、南都の僧侶には到底受け入れられるものではなかった。その結果、最澄の晩年は南都との論争に明け暮れるものとなった。

最澄は、同年五月から翌年三月にかけて、三種の申請書を撰上した。そのうちの最後に提出した「天台法華宗《てんだいほっけしゅう》年分度者《ねんぶんどしゃ》回小向大式《えしょうこうだいしき》」（以下、「回小向大式《えしょうこうだいしき》」と略記）」に対して、南都の僧綱《そうごう》は反論を提出した。最澄は、僧綱からの反論に対してさらに反論を重ねる形で『顕戒論《けんかいろん》』を著した。本書が呈上された結果、最澄は死の床にて大乗戒独立の勅許を得ることとなり、念願を叶えることができたのであった［佐伯有清一九九二・一九九八・張堂興昭二〇一八a・b］。

最澄の末法思想の理解

こうした大乗戒の独立をめぐって、最澄と南都の僧綱との間で交わされた議論の中に、最澄の末法思想に対する理解の特質を解明する手がかりがある。

最澄の末法思想に関する研究にはすでに多くの蓄積がある。戦前の研究では、最澄の末法思想は、南都の僧綱からの反対をしりぞけるための妨難運動の現れとしての強勢辞であって、一時的で個人的な見解にすぎないものだと考えられた［市村其三郎一九二九］。しかし、その後の研究では、最澄の末法思想は、比叡山の伝統となり、重大な歴史的意義を有するものだと評価されることとなった［石田一良一九九一］。最澄は、末法の世に最適な経典として『法華経』を重視し、護国仏教によって天災を払い、「仏法中興」を実現することを目指した、と論じられている［速水侑二〇〇六］。

さて、本稿では、以上の研究成果を踏まえ、最澄が末法の世の到来を強く主張する一方で、「仏法中興」を実現しようとしたという点に注目したい。すなわち、最澄が考える末法思想には、物理的な時間の進行に伴い、一方向的に衰退すると説く正像末の三時説に立脚した上で、さらに、そうした時代観念とは異なる時代観念があるのではないか。最澄は、末法の世が訪れたとしても、再び仏法を興隆させることができると考えていたのではないか。最澄は、まもなく末法の世が訪れてしまうという危機感や焦燥感よりもむしろ、今が末法の世であることが仏法を興隆する契機となると考え、末法の世に積極的な意義を持たせていたのではないか。そうであれば、末法の世を打開するための方策は何だったのか。

最澄の時代認識

最澄は、すでに正法・像法の世が過ぎ、末法の世が近づいている（『守護国界章《しゅごこっかいしょう》』）、あるいは、像法の終わりから末法の初めにさしかかっている（『法華秀句《ほっけしゅうく》』）と述べて、末法の世の到来に対する危機感を表明している。さらに、今は『法華経』「安楽行品」に説かれている「末世法滅の時」に当たる（『守護国界章』）。あるいは、末世における避けがたいけがれた世相の中に生まれ、今は「闘争の時（解脱→禅定→多聞→造寺→闘争へと次第に衰退すると説く五堅固説の最終段階）」にまで衰退しきっているという（『法華秀句』）。『法華経』「安楽行品」には、「後の悪世」における初修行の菩薩が『法華経』を流通する場合の心構えとしての身《しん》・口《く》・意《い》・誓願《せいがん》の四安楽行《しあんらくぎょう》が説かれる。ここでいう「後の悪世」や「末世法滅の時」とは、必ずしも正像末の三時説と一致するものではない。しかし、現実の世界は、地震・干ばつ・飢饉といった天災が頻発し、社会的な不安が高まって、末法の世の到来を肌で感じ取れるような状況であった。こうした現実認識からくる危機感と、『法華経』が流布するのは「後の悪世」だとする経説とが一致したことから、最澄は今がすでに末法の初めに当たると理解したのである。

一方、最澄は、「正像」、「像末」の語も用いている（『顕戒論』）。最澄の高弟である光定《こうじょう》（七七九〜八五八）の著述によれば、最澄が釈尊の入滅年を「周穆王五十二年」とする説に立ち、八一九（弘仁十）年を「像法の末」だと理解したというから（『伝述一心戒文《でんじゅついっしんかいもん》』）、正法・像法をともに千年とする説を採用したことが分かる。すなわち、弟子が師から聞いた情報では、当時は「像法の末」だったのである。

かつては、この記事を根拠に、最澄の時代認識は「像法の末」を意味すると考えられた［市村其三郎一九二九・寺崎修一一九三四］。しかし、近年では、『守護国界章』や『法華秀句』で示された時代認識をより重視して、末法の初めに軸足を置いているとする説が優勢である。そもそも「正像」および「像末」は、それぞれ「正法と像法」、「像法と末法」の合成語を端的に示すものであって、最澄は、一貫して、「像法の終わりから末法の初め」にかけての時代にいると認識していたのである［武覚超一九八七・石田一良一九九一・速水侑二〇〇三・二〇〇六］。

速水侑【はやみ・たすく】（一九三六〜二〇一五）は、最澄の時代は経論による年次計算に基づけば「像法の末」であるべきだが、最澄はむしろ「末法の初め」に軸足を置いているとした。天災が頻発する弘仁の世を、「今」が「像法の終りから末法の初め」にあたる例証とし、天災の前に無力な南都仏教に代り、天災を払い「仏法中興」を実現するための山林修行による清浄な菩薩僧の育成と大乗戒壇設立の必要性を説いた、と論じている。

最澄は、世の中を見渡せば、すでに末法の世に起こるとされる天災が頻発しており、それを防ぐはずの南都仏教による祈りも届いていない。そこで、これまでの体制に代わり、末法の世を打開する能力を備えた新しい集団の必要性を説いて、天台法華宗が養成する菩薩僧という構想を打ち立てた。最澄は、『梵網経』所説の戒のみを受持した上で、比叡山で十二年間におよぶ修行を果たした菩薩僧こそが天災を除き、護国を実現できるのだと主張した。

最澄は、当時の時代認識通りに、今が「像法の末」に位置すると認識しつつも、しかし、それのみにとどまらず、今が「像法の終わりから末法の初めの世」であると、あえて強調したと考えられる。最澄の時代観念は、時間の経過に伴い、宿命的に衰退していくのではなく、衰退に抵抗することも、衰退を加速させることもできるというものである。最澄は、「像法の末」であったのを「末法の初め」に加速的に衰退させてしまった要因があるという。

こうした最澄の時代観念に基づいて形成された末法思想の理解は、今を末法の世としている要因を排除して、衰退を食い止めようとする意志へとつながるであろう。最澄は、末法の到来を食い止めるための改革案を提示した。以下、第三節では、行政上の制度改革、第四節では、教理面の改革について見ていきたい。

三　末法の世を象徴する僧綱制度

僧官制度および僧籍の廃止

最澄は、僧官制度による僧侶の統制および僧籍の編成が、末法の世に起きる具体的事例であり、正法を破滅させる原因だとして批判した。こうした批判は、『仁王経《にんのうきょう》』の経説に基づいている。『仁王経』には、僧官が僧侶たちを強制的に使役して、僧侶の戸籍を編成することになれば、仏法は永く続かないだろうと説かれる。『仁王経』は、仏が未来を予言する形を取るが、この記述は、北魏で実際に設置された道人統《どうじんとう》・沙門統《しゃもんとう》と呼ばれる僧侶の統制機関を暗示したものであり、それを批判する内容となっている［船山徹一九九六・二〇一七］。

最澄は、僧官による僧侶の統制と僧籍の編成に替わる制度として、貢名《くみょう》と僧籍の廃止を提案した。貢名とは、教団が自主的に得度あるいは授戒を行い、その後、得度者、受戒者の名を官に申告する制度である。

従来は、得度は宮中、授戒は東大寺戒壇院において、治部省及び玄蕃寮の立会の下に行われ、本人かどうかを民部省の戸籍と照合し確認した上で、度縁（得度の証明書）、戒牒（受戒の証明書）が作製され、これに治部省・玄蕃寮・僧綱の三者がそれぞれ署名して、太政官印を捺印して本人に与える手順となっていた。つまり、僧侶となった者は、民部省の戸籍からその名が抜かれ、治部省へと移管されたのである。

これに対して、最澄は、得度・授戒は天台法華宗が自主的に行い、実施後に太政官へ届け出て、度縁・戒牒に太政官印の捺印を請うという方法への変更を要求した。

さらに最澄は、これまでは得度と同時に民部省の戸籍から名を除いて治部省所管の僧籍に編入したものを、得度を終えても戸籍から除かずに、得度者の名の上に「仏子」の号を書き加えることにしようと提案した。僧籍の廃止である。

最澄は、従前の出家制度は清浄ではなく、自身の提案する貢名および僧籍の廃止こそが清浄な出家制度だと主張した。こうした清浄な出家制度が実施されれば、これまで得度・授戒の事務手続きを行ってきた治部省・玄蕃寮・僧綱の関与を受けずに、天台法華宗の僧侶の育成が可能となる。最澄は、とりわけ僧綱によって手続きが滞っていると批判した。ここからは、僧侶の統制に直接関わっていたのが僧綱であったことが分かる。最澄は、僧官制度の廃止を求めていたが、これは実質的には南都の僧綱制度の廃止を求めたのだと考えられる。

「六虫」と「師子身中の虫」の排除

最澄は、南都の僧綱を「六虫《ろくちゅう》」や「師子身中の虫《しししんちゅうのむし》」に譬え、これまでの出家制度が不浄であるとして批判した。

「六虫」とは、仏法を食滅させる虫のことで、最澄の大乗戒独立運動に反対し、「大日本国六統表」に連署した六人の僧綱のことを暗に指している。

「師子身中の虫」とは、獅子の身中に寄生して、これの恩恵を蒙っている虫が、かえって獅子の肉を食って宿主を死に至らせるという意味だが、もともとは『梵網経』や『仁王経』に説かれる仏教用語である。すなわち、世間的な名声や利得を得るために国王や官僚の前で仏の戒を説き、思い通りに僧侶を統制しようとすることで仏法を破滅に追い込むのは、実は内部犯だという。内部犯とは、つまり、外道や天魔ではなく（『梵網経』）、僧侶をはじめとする三宝（仏法僧）を護持するはずの者こそが、実は三宝を破壊し、正法を衰薄させる（『仁王経』）ということである。仏法や三宝を破壊するのは、仏教教団に内在する「悪比丘《あくびく》（『蓮華面経《れんげめんきょう》』）」である。

最澄は、悪比丘は南都の僧綱に他ならないという。最澄は、南都の僧綱制度そのものが経典に説かれる末法の世の具現化したものだから、廃止すべきだと主張したのである。

最澄が、今を「像法の終わりから末法の初めの世」だとし、末法の世の到来を強く意識せざるを得なかったのは、師子身中の虫たる南都の僧綱が存在したからである。

最澄は、南都の僧綱の関与を受けずに、比叡山で自主的に出家できる制度への変更を提唱した。最澄が末法思想を用いて議論を展開する際には、仏法を危機的状況に陥らせている原因を追究し、それを打破して、仏法を中興させる要因が構想されている。それが比叡山で山修山学を実践する菩薩僧という存在である。

四　末法の世から仏法中興を果たす菩薩僧育成の構想

最澄の末法思想の特質

大乗戒独立運動をめぐる最澄と南都の僧綱との論争の中で、かつてインドにおいて大衆部《だいしゅぶ》と上座部《じょうざぶ》とに分裂する原因となった「大天の五事《だいてんのごじ》」を引き合いに出して論争する場面があるが、ここに最澄の特徴的な考え方が表明されている。

大天とは、三逆罪（僧団の統一を乱し、仏の身体から出血させ、阿羅漢《あらかん》を殺すこと）を犯したが、その後懺悔し、出家した人物である。大天は、阿羅漢（小乗仏教における修行者の最高到達点）にはまだ無知や疑念が残るなどとし、阿羅漢のさとりを低レヴェルなものと見る五つの異見（「大天の五事」）を主張した。これにより大天を中心とする大衆部と長老を中心とする上座部とに分裂する根本分裂が起きたとされる。

最澄は、自らの比叡山や天台法華宗を上座部に相当させる一方で、南都の僧綱を大天に相当させて議論を展開した。最澄は、上座部が正統な釈尊の教えの系譜を引き、正しい道理に従っているのに対し、大天の説はいくら多数派であろうとも、それは正統な仏教ではないと論じた。最澄は、かつてインドで起きた根本分裂のように、日本においても南都の仏教界と訣別し、平安の世にふさわしい釈尊直系の教団として天台法華宗を立宗したのであった〔柴田憲良二〇一四〕。

最澄は、「回小向大式」は、経典に依拠したものであるから、天台法華宗の年分度者（毎年、規定人数にしたがい得度を認められた者）を正しい道に導き、「仏法中興」を可能とする見解を表明したものだという。最澄は、これまで仏教界を先導してきた南都の僧綱に従っていては、仏法そのものが滅びてしまう。だから、天台法華宗が主体的に南都から独立することで、法滅の危機を免れることができると考えた。すなわち、天台法華宗の自立こそが「仏法中興」なのだと主張したのである。

正像末の三時説では、仏法が年次の経過とともに次第に衰退し、最終的には法滅の世となるという、一見すると救いの無い衰退史観が説かれる。しかし、最澄の時代観念は、こうした一方向的かつ不可逆的な衰退を前提とした時代観念とは異なり、「回小向大式」が実行されれば、末法・法滅の世の到来は回避され、「仏法中興」が実現するというものであった。

天台法華宗の菩薩僧が末法の世において仏法を中興させる

ここで「仏法中興」を担うのは、「回小向大式」で掲げられた菩薩僧である。最澄は、菩薩僧にはまだ起きていない天災を滅する能力があるという。

これに対し、南都の僧綱は、真の菩薩であればこれから起きる災害を未然に阻止することが可能なはずだが、現実には洪水・干ばつ・食糧難といった災禍が頻発し、これに伴い死者が多く出ているから、天台法華宗の菩薩僧は真の菩薩とはいえないと批判した。事実、弘仁年間には、地震・旱ばつ・飢饉といった天災が頻発し、社会的な不安が高まっていたようだ〔朝枝善照一九八〇〕。

こうした南都の僧綱からの批判に対して、最澄は、天災を防ぎ、護国を実現するためには、百部の『般若経』と百人の菩薩を比叡山に安置することが必要だと述べた。百人の菩薩は、十二年間、比叡山において清浄性を保持したまま山修山学することで、末世に起きる天災を防ぎ、正法を維持することができるという。最澄が提唱する菩薩僧は、「像法の終わりから末法の初めの世」において、正法を回復させることができる存在として構想されているのである。

また、最澄は、菩薩僧に、『法華経』「安楽行品」に説かれる四安楽行を課した。「安楽行品」には、自分のさとりだけを求める僧侶や在家信者に近づいてはならないと説かれ、この部分が天台法華宗の菩薩僧が具足戒を受持しないことの根拠の一つとされる。最澄が「末世法滅の時」だとした時代認識もまた、釈尊入滅後の末法の世に『法華経』を説こうとする者は安楽行を修行すべきで、本経を受持し、読誦すべきであると説かれるところから発せられたものである。最澄は、今が末法の世だからこそ、天台法華宗の菩薩僧には、安楽行を課し、自分だけのさとりを求める南都に近づかせないために、具足戒を受けることなく正式な僧侶となることを可能とする制度を樹立しようとした。

最澄にとって、今が末法の世にあることと、『法華経』を信仰し、正しく理解することとは強く結びついていた。『法華経』「法師品」には、如来が現前した時でさえ、本経の信仰者の間には怨嫉が多く付きまとい、入滅してからはさらに多くなる。しかし、本経を書持し、読誦し、供養し、他人のために説く者を如来は護持すると説かれる。

「像法の終わりから末法の初めの世」であっても、いや、むしろそうした時期だからこそ、『法華経』を信じ、理解すれば、如来の加護がある。最澄は、「像法の終わりから末法の初めの世」だからこそ、仏道修行において長時間かかる回り道を避け、速やかに成仏する道を選択する必要があると説いた。そのためには、『梵網経』に基づく大乗戒のみを受持し、比叡山において修学するのが最も適しているという。

最澄は、天台法華宗は、初めは釈尊によって『法華経』が説かれたインドの霊鷲山《りょうじゅせん》、次に慧思の大蘇山《だいそざん》、後に智顗の天台山《てんだいさん》という系譜の最後に位置づけられるという。これらの山では、説法、聴聞、修学が行われ、さとりを開く者が輩出されてきた。だから天台法華宗の初修業の学生は、比叡山で修学することで、仏法を興隆することができるのだ。最澄は、比叡山を霊鷲山から一つながりの系譜として位置づけることで、さとりの山ととらえたのである。

霊鷲山―大蘇山―天台山―比叡山では、常に釈尊が『法華経』を説いている。最澄は、時間、空間を超越して、比叡山を霊鷲山に見立て、日本に仏法を興隆させようとした。これは、『法華経』「如来寿量品」に説かれるように、釈尊が常に霊鷲山及び他の場所に存在しているという『法華経』所説の釈尊観に基づく理解である。同品では、衆生が存在する限り、仏は永遠に説法をし続けると説かれる。釈尊が涅槃に入ったように見せたのは、衆生が仏を渇望するように仕向けるための方便であった。つまり、仏は入滅後の世界にもずっと存在し続け、説法して衆生を救済し続けているのである。

最澄は、今が「像法の終わりから末法の初めの世」であっても、「回小向大式」が認可されることによって、比叡山で清浄性を保って修学した菩薩僧が、天災を防ぎ、護国の役割を果たして、「仏法中興」を実現させることができると確信していた。最澄のいう「仏法中興」とは、霊鷲山で釈尊が『法華経』を説いている状況が連綿と継承され、比叡山においても『法華経』が説かれる、そうした正法の世を実現させることを意味していると考えられる。つまり、「像法の終わりから末法の初めの世」を打開し、正法の世を実現させることのできる存在として菩薩僧は構想されているのである。

おわりに

仏教者は、釈尊と、今ここに存在する自身との時間的・空間的距離を常に意識してきた。したがって、末法思想は、もともとは仏教者による教理の研鑽や修行、およびその成果としてのさとりに係わる自己の問題意識であった。在世した釈尊から遠ざかれば遠ざかるほど、成仏は困難になると考えたのである。これは、末法思想が第一義的に説く、時間の経過により次第に仏法が衰退していくとする考え方である。

しかし、これまで論じてきたように、最澄の末法思想の理解は、自己の内面の問題ではなく、むしろ外的要因によって、正法・像法・末法のいずれかに決まるというものである。末法思想を素直に理解すれば、正法↓像法↓末法へと不可逆的に衰退していくのだが、最澄にとってはそうではない。衰退は、行為によって加速することもあるし、食い止めることもできる。あるいは、もう一度正法の世を復活させることも可能なのである。

最澄は、今が「像法の終わりから末法の初めの世」であっても、自身が提案した制度改革が実行されれば、比叡山で修学した菩薩僧が、天災を防ぎ、護国の役割を果たして、「仏法中興」が実現すると主張した。こうした最澄の考え方は、末法思想が第一義的に説く、正法が終われば像法となり、像法が終われば末法となるという右肩下がりの悲観的な時代観念とは決定的に異なるものであった。最澄は、今が末法の世であるとの認識に立って、僧侶が正しく修学できる環境を整えようと制度改革に乗り出したのである。

そこで重視した経典が『法華経』であった。最澄は、比叡山において『法華経』を信じ、理解して、修行すれば、釈尊が『法華経』を説いた霊鷲山と比叡山とをつなぐことができると考えた。これは『法華経』に説かれる思想であった。最澄の考える「仏法中興」とは、比叡山において再び釈尊が『法華経』を説く、そうした正法の回復を意味しているのである。

最澄は、「像法の終わりから末法の初めの世」において、「仏法中興」を成し遂げることができる存在として菩薩僧の養成が急務だと説いた。「仏法中興」のために必要なのは、比叡山で修学する菩薩僧であった。

むしろ最澄独自の思想と呼べるのは、末法の世になってしまった原因を究明して、それを取り除くことで、仏法を中興させせようとする態度に見られる。その原因とは、南都の僧綱である。最澄は、天台法華宗が奈良仏教から自立して得度・授戒させることができる制度を樹立することで、仏法を中興させせようとしたのである。これが最澄が提唱した末法の克服のための制度改革であった。

さて、古代の日本は、常に中国文化を学び、積極的に導入してきた。特に仏教においてその傾向は顕著である。そうした潮流の中で、最澄は、命をかけて入唐し、天台学、大乗戒、禅、密教などを導入して、これこそが最新の仏教であり、平安時代にふさわしい仏教だと主張した。そのため、最澄の末法思想の理解について明らかにするには、中国をはじめとする東アジア諸地域における仏教の諸相との比較研究が今日的課題といえよう。私は、最澄の末法思想の理解の淵源は、すでに六世紀後半から七世紀初頭の中国北朝に見られると考えている［柴田憲良二〇一九］。

参考文献

朝枝善照【あさえだ・ぜんしょう】（一九八〇）「最澄の時代観と顕戒論」（『仏教史研究』十二号、同著『平安初期仏教史研究』永田文昌堂、一九八〇年に再録）。
石田一良【いしだ・いちろう】（一九九一）「最澄と法然・親鸞をつなぐもの――時機相応の論理」（同編『浄土教美術』ぺりかん社）。
石田瑞麿【いしだ・みずまろ】（一九七六）「日本における末法思想」（仏教思想研究会編『仏教思想2

悪』平楽寺書店)。

市村其三郎【いちむら・きさぶろう】(一九二九)「伝教の末法観について」(『史学雑誌』四〇巻一一号)。

井上光貞【いのうえ・みつさだ】(一九五六)『日本浄土教成立史の研究』山川出版社。

井上光貞【いのうえ・みつさだ】(一九六〇)「浄土教の諸問題」(『歴史学研究』二四一号。『日本古代仏教の展開』一九七五年に再録)。

井上光貞【いのうえ・みつさだ】(一九七一)『日本古代の国家と仏教　日本歴史叢書』「天台浄土教と王朝貴族社会」岩波書店。

上川通夫【かみかわ・みちお】(二〇〇〇)「末法思想と中世の「日本国」」(歴史学研究会編『再生する終末思想』青木書店)。

菊地章太【きくち・のりたか】(二〇〇三)『〈あじあブックス〉弥勒信仰のアジア』大修館書店。

佐伯有清【さえき・ありきよ】(一九九二)『伝教大師伝の研究』吉川弘文館。

佐伯有清【さえき・ありきよ】(一九九八)『最澄と空海』吉川弘文館。

佐藤弘夫【さとう・ひろお】(一九九九)「日本の末法思想」(『歴史学研究』七二二号)、同「日本における末法思想の展開とその歴史的位置」(歴史学研究会編『再生する終末思想』青木書店)。

進藤浩司【しんどう・こうじ】(二〇〇四)「最澄における末法思想の受容と展開について」『印度学仏教学研究』五十二巻二号。

柴田憲良【しばた・けんりょう】(二〇一四)「最澄における「大乗上座部」と「上座部」の理解について」『平安仏教学会年報』第八号。

柴田憲良【しばた・けんりょう】(二〇一五)「北周末隋初の「菩薩僧」―廃仏・仏法興隆と山林修行

をめぐって―」『天台学報』第五十七号。

柴田憲良【しばた・けんりょう】（二〇一九）「最澄の像末観に関する一考察―「菩薩僧」に見られる思想をめぐって―」名古屋市立大学大学院人間文化研究科『人間文化研究』三十一号。

薗田香融【そのだ・こうゆう】（一九五七）「末法燈明記の一考察」『日本仏教史』一号。

平雅行【たいら・まさゆき】（一九九二）同著『日本中世の社会と仏教』第一編第四章「末法・末代観の歴史的意義」塙書房。

武覚超【たけ・かくちょう】（一九八七）「伝教大師の山修山学と末法思想」『印度学仏教学研究』通号七十号。

田村圓澄【たむら・えんちょう】（一九五四年）『史淵』六三輯、同「末法思想の形成」（同著『日本仏教思想史研究　浄土教篇』平楽寺書店）。

張堂興昭【ちょうどう・こうしょう】（二〇一八ａ）「弘仁十三年六月三日の大戒勅許をめぐって―佐伯有清説を前提に―」『天台学報』第六十号。

張堂興昭【ちょうどう・こうしょう】（二〇一八ｂ）「大乗戒勅許と最澄の最期をめぐる定説への疑義―『叡山大師伝』を中心に―」『印度学仏教学研究』第六十七巻第一号。

寺崎修一【てらさき・しゅういち】（一九三四）「日本末法思想の史的考察」『文化』一巻四号。

速水侑【はやみ・たすく】（二〇〇六）「平安仏教における末法思想と時機論」（同著『平安仏教と末法思想』吉川弘文館）。本論文は、同「平安仏教と末法思想」（『日本宗教文化史研究』七巻一号、二〇〇三年）および同「平安仏教と時機論」（『日本仏教綜合研究』一号、二〇〇三年）を合わせて改稿されたもの。

藤井教公【ふじい・きょうこう】（二〇一〇）「末法思想の興起と展開」『新アジア仏教史〇七中国Ⅱ隋

唐　興隆・発展する仏教』佼成出版社。

船山徹【ふなやま・とおる】（一九九六）「疑経『梵網経』成立の諸問題」『仏教史学研究』第三十九巻第一号。同著『東アジア仏教の生活規則　梵網経　最古の形と発展の歴史』臨川書店、二〇一七年。

道端良秀【みちはた・りょうしゅう】（一九六六）「中国仏教と菩薩僧」『印度学仏教学研究』通号二十九。

吉田一彦【よしだ・かずひこ】（二〇一二）「『日本書紀』仏教伝来記事と末法思想」同著『仏教伝来の研究』吉川弘文館。本論文は、名古屋市立大学大学院人間文化研究科『人間文化研究』七・九・十・一一・一三号、二〇〇七〜一〇年を合わせて転載されたもの。

付記

本稿は、平成三十〜三十三年度科学研究費助成事業（学術研究助成基金助成金）若手研究・課題番号　一八K一二一九九・課題名「日本と東アジアの戒律思想の比較研究―『伝述一心戒文』から見た最澄の大乗戒観―」（研究代表者　柴田憲良）による成果の一部である。

＊コラム＊

禅と茶道について

ジェームズ・バスキンド

「日本文化の一番代表的な伝統文化表現は何ですか？」又「日本人の心を一番よく表しているものは何？」と聞かれたら、おそらく日本人十人のうち七〜八人くらいは「茶道です」と迷わずに返事するだろう。お茶は上品で、日本人の心によく通じ合う文化現象であることは、ほぼ既成事実のようなものである。そして、現代日本では茶道について一つのいわゆる「常識」といえば、禅と茶は切っても切れない関係にある。

禅と茶道が親密に結び付いているこの言説にもっとも大きく貢献した人物は、岡倉天心【おかくら・てんしん】・鈴木大拙【すずき・だいせつ】・久松真一【ひさまつ・しんいち】という近現代の三人である。無論、遥か昔から禅仏教と茶文化が色々な形で関係し合っていたが、現代にあるような言説、つまり茶道は禅の真髄を表現しているもので、禅の心も茶道の全てを貫いているという、より近代的見解である。

最初は、岡倉天心を取り上げよう。岡倉天心（一八六二〜一九一三）のもっとも有名な著作は『茶の本』である。その単純で、やさしいタイトルの裏に、非常に格調高い文体や壮絶な口調が潜んでいることに驚く。原文は英語であり、明治後期、東西両文明の衝突期の真っ只中、相互理解をはかるため、茶の湯を通して外国人に日本文化を紹介するために書かれたものである。

岡倉がこの本を執筆した一九〇六（明治三九）年、日本は西洋文明を丸ごと積極的に受け入れたことによって、誇るべき伝統文化が圧倒されそうであった。そして、同じ時期、日本の軍事力の近代化が一段と進み、大国のロシアを日露戦争で破った結果として世界の列強に並ぶことになった。西洋の国々は、日本をはじめて「文明国」と呼んだ。岡倉は、それよりも「野蛮国」のままでいい、茶の湯のような「平和な文芸にふけっていた」時の日本の方がいいと言う。

そこで、この茶の湯をアジアの文化遺産として掲げ、茶の湯が持っている倫理観、美的価値観などが国境、人種、東西などを超越して、皆が理解し合える理想の場をもたらすと訴えた。『茶の本』の説得力溢れる文章のお陰で、私はアジア文化・日本文化への憧れやロマンを募らせた。茶の湯があらゆる文化の接点となることに魅力を見いだし、床の間にある掛け軸の書、飾ってある一輪挿しの生け花、そして日本独自の建築様式である茶室（数奇屋《すきや》）などを持つ茶の湯は、日本文化を体現するものであり、日本文化を代表するものと受け止めた。

『茶の本』の主なテーマは、つまり禅道は、道教と同じく相対を崇拝するものであると天心が主張する。この相対性は柔軟性に繋がっており、この特徴こそが禅文化に似通っていると力説した。天心自身の言葉を引けば次の通りになる。

茶道いっさいの理想は、人生の些事《さじ》の中にでも偉大を考えるというこの禅の考えから出たものである。道教は審美的理想の基礎を与え禅道はこれを実際的なものとした。

（『茶の本』（三章道教と禅道）より）

ご覧の通り、禅と茶道を結びつけようとしたのは美学の領域であったことが明らかであろう。

次は鈴木大拙を見てみたいと思う。彼も禅とお茶における言説形成に非常に大きな役目を果たし、消えない跡を残した。大拙は、最初に登場してきたのは、一八九三年、シカゴで万国博覧会で、世界宗教会議に参加した釈宗演【しゃく・そうえん】の通訳役として参加した。

鈴木は、海外での人気も高く、最も知られている作品『禅と日本文化』はベストセラーにもなった。小生も若い時に熟読し、大拙の論点を鵜呑みにした。その論点は、つまり禅は日本文化の真髄で、日本の日常生活や深層心理に織り込まれていて、日本文化と禅は一味（同一）であるということ。そこで、ごく身近で日常的なものである「お茶」・「茶道」が必然的に禅と結びつくことになる。鈴木の代表的な主張は次の通りである。

禅と茶道に共通なところは、いつも物事を単純化せんとするところにある。禅の狙うところも、一切の人為的な覆いものをはぎ取るにある。茶は原始的単純性の洗練美化である。

（『禅と日本文化』）

天心と同じく、禅とお茶の関係性を主に美学の世界に寄せて、茶を「禅化」、そして禅を「茶化」という効果をもたらす。

次は久松真一を検討しながら彼の代表的な論点を見てみよう。久松は哲学者・禅仏教の研究者、茶人として名声を博した。京都大学で西田幾多郎【にしだ・きたろう】の下に研究し、後に鈴木大拙と交流した。久松が次のように書く。

茶道は宗教のインカネーションである。

と言う。インカネーションは化身のことであり、換言すれば、茶道は宗教（禅）そのものである。やはり、久松氏の主な論点は禅＝茶道ということだろう。

禅と茶道との関係について取り上げる資料は夥しいほど豊富で、文面の関係で深入りすることができない。しかしながら、禅とお茶をめぐる言説について念頭に置かなければならないのは、定説通りに鵜呑みにすることは無論、できないのだろう。「禅の茶道」「茶道の禅」

という形成史は明治以降の諸々な史的・政治的な要因に基づくもので、全体像を語る時はそれを抜きにしてはいけない。近代化の荒波に揉まれていた日本はその「伝統」文化アイデンティティーを固めたり形成させたりする中、生き残るために一段と結成させられた事例の一つとして挙げられるだろう。

第三部　伝わる日本文化、伝える日本文化

第一章　西脇順三郎の挑戦――古代から超現実へ――

西脇順三郎における「古代」と「幻影の人」―折口信夫との比較を中心に―

太田　昌孝

西脇順三郎【にしわき・じゅんざぶろう】がその詩業及び学問研究において、極めて重要な存在として捉えていた、「幻影の人」を中心に、特に『古代文学序説』をもとにしながら、西脇における「古代」について論考を進めてゆくことにする。尚、本論において使用する『古代文学序説』の原文は、『古代文學序説…幻影の人…』（一九四八年四月・好学社）を用いた。西脇は『古代文学序説』の「はしがき」の中で次のように述べている。

古の人々が殘していつた文學を讀む場合、それを理解する上からみると、一番大切でもあり、便利な方法は、その人達の精神上の風俗習慣を知ることであります。即ち主として倫理的な方面の心情を知ることであると思います。

この民族を取扱つた時代は西洋紀元前の初め頃から約千四百年間に亘って居ります。この民族の心情の歴史を私は大体、四つの倫理性のタイプに分けました。（一）原始人的倫理、（二）武勇の倫理、（三）キリスト教的倫理、（四）愛の倫理とします。このうちで、キリスト教的倫理は最も重大なものではありますが、この研究の直接の対象には致しませんでした。「原始人」といふ術語の他に、私は「幻影の人」といふものを仮定して考へることに致しました。

西脇によると『古代文学序説』は一九三九年四月頃にその構想を抱き始めたとされ、「幻影の人」については、それに先立つ形で『ambarvalia』の中にその萌芽を確かめることができるが、ある程度確かな定義についての記述は、この「はしがき」が初めてと考えてよい。次に西脇はより詳細な具体的事例を引用しながら、「幻影の人」の存在について叙述している。

これ等の倫理性の発展の経路の大筋は、武勇の倫理から愛の倫理に発展したことを記述しました。
武勇の倫理の時代は既にタキトゥスの「ゲルマーニア」に現はれてゐます。文献に残る最古のゲルマン人の文学は、大体、この「ゲルマーニア」に記されてある通りであります。また愛の倫理は恐らく、ダンテの「神曲」に最大に記されてあります。

また武勇の倫理が愛の倫理に移り行く過程に於て、貢献した思想は、勿論キリスト教でありますが、それ以外にはボエーチュウスの「哲学の慰安」でありませう。けれども「幻影の人」は変化しませんでした

西脇が定義する「幻影の人」とは、時代の変遷や社会の変化によって変わることがない永劫不変の存在であり、「原始人」の時代、既にその存在を認めることが出来ると言う。またこの「幻影の人」は「民族の心情の歴史」のどこかに潜み、表出した四つの倫理に影響されることなく、ほぼ永続的に存在し続けるものだと規定している。

また、同著の「はしがき」に続く「序論」の中で西脇は「幻影の人」の存在についてさらに以下のように述べている。

ここで私のあげた先天的な人生観といふことに就いて少し述べたいと思ふ。それは、先にあげた諸条件によらず、人間は無意識ながら神秘的な人生観的情念をもつてゐるものとする。さうした情念は神秘的な存在であつて、或る象徴によつてのみかすかに意識されるものである。それは人間の凡ゆる思想、凡ゆる信仰、凡ゆる生活体験より孤立している幻影である。生命の根元とも真の人間の姿とも、土の幻影とも考へられるものである。この生命の幻影を「幻影の人」と名づけることが出来る。

つまり「幻影の人」は、常に人間存在の神秘的な要素を背負いつつ、その存在は幽かなものであり、ともすれば現世の喧騒の中で忘却されてしまう消極的な性質を帯びていると西脇は主張するのである。

一方、西脇が『古代文学序説』で「幻影の人」を模索している頃、折口信夫【おりぐち・しのぶ】は「水の女」［一九二七年九月、二八年一月・「民族」第二巻第六号、第三巻第一号］及び、「最古日本の女性生活の根底」［一九二四年九月・「女性改造」第三巻第九号］において、古代の神事に関った神女の出自と、存在意義を明らかにする営為に勤しんでいた。

この二人が昭和初年から二十年代初めに書いた論文を比較すると意外な類似点を発見することができる。（典拠については、それぞれの引用文末に記載する。）

芸能は祭祀から始まるといはれているが、文学も祭祀から発達してゐる。一国の政治も祭祀を中心としてゐた。まつりごとは即ちまつりごとで祭政一致である。その他一般の文化も祭祀から発達してゐる。
祭祀は祈祷讃歌、生贄、身振りをともなふ歌謡と踊り、音楽、劇等である。これ等の祭祀の大部分は文学を必要とする。それで、その文学は皆古来からの伝承された学問文学を特に継承してゐるのである。

（『古代文学序説』第四編「祭祀と芸能・第一章　祭司の文学」・一三〇頁）

ただ今、文学の信仰起源をもっとも頑なにとっているのは、おそらくは私であろう。性の牽引や、咄嗟の感激から出発したとする学説などとは、当分折りあえないそれらの仮説の欠点を見ている。（中略）口頭の詞章が、文学意識を発生するまでも保存せられてゆくのは、信仰に関聯していたからである。信仰を外にして、長い不文の古代に、存続の力をもったものは、一つとして考えられないのである。

信仰に根ざしたある事物だけが、長い生命を持ってきた。ゆくりなく発した言語詞章は、即座に姿を消したのである。

私は、日本文学の発生点を、神授（と信ぜられた）の呪言に据えている。

（『折口信夫全集第一巻』「国文学の発生」・第四稿「呪言から寿詞へ一　呪言の神」・一二四頁〜一二五頁）

この二文を比較すると、西脇と折口が共に、「祭祀」、或いは「祭祀」の際の「神授の呪言」に文学の発生点を定めていることが理解されよう。『国文学の発生（第四稿）』は一九二七年の刊行であり、『古代文学序説』は一九三七年頃に書き始めたという推察が一般的であり、その刊行は一九四七年であるが、こうした時間的な背景を勘案すると、西脇の「祭司の文学」の一節が、折口の「呪言の神」の一節の影響のもとに書かれたものであると言う推測が成り立つことになる。西脇自身、この点について具体的な説明を残しているわけではないので、完全に実証することは不可能であるが、この二文は余りにも似通っているという印象を読む者に与える。

しかし視点を変えると、折口から西脇へと、文学の発生理論が継承されたという推察にも増して、この二人の文学者が、日本とヨーロッパという異なった地域において、文学の発生ということについて、ほぼ同時期に、同じ理論を持っていたという興味深い考察が成り立つ。

二人の文学者を並存させた形で、その文学理論や作品についての論考を行う場合、陥りやすいのは所謂、「影響関係論」(1)である。しかし、この両者の場合、やや時間的な差異はあるものの、ほぼ同時期に日本とヨーロッパという全く異なった領域に研究の視点を置いていたこともあり、それぞれが類似性の高い理論を、それぞれの領域で発見し構築するという可能性は、十分に考えられる。

特に西脇の場合、「ある事象が日本的である。」という定義が他の文学者とは大きく異なり、「日本的であるということは、日本以外の国にも存在することが前提である。」というものであるため、自身の論とほぼ同じ論を、折口という存在を通し、日本の中に見出すという営為において、この道程はまさしく自説の正当性を敷衍し、証明することにも繋がる貴重な体験であり得たのかもしれない。

西脇は『詩のこころ』［一九八二年七月・ペリカン社・対談日時は一九六九年五月二、三日］で、「僕はね、折口先生からは日本文学の民俗学のほうを習おうと思って、こういうことは日本にありますか、と聞いたりしました。私もそういうことが好きでしたから、ただ日本ばかりじゃなくて一般にそういう民俗学が好きでした。」と述べていることを考え併せると、そこには単純な「影響関係論」では説明できない、「高い必然性を秘めた発生論の類似」(2)とでも呼ぶべき事実が浮かび上がってくる。

つまり、ここで重要なことは、折口から西脇への「影響関係論」が成り立つか否かだけではなく、日本とヨーロッパとで、「高い必然性を秘めた発生論の類似」という事が起こり、それにより、西脇と折口という二人の文学者との間に「古代」を媒介とした強い紐帯が生まれたということだ。

また更に、類似点だけに偏らず、この二つの論文を詳細に比較考察すると、そこには微妙な差異が生じているのに気が付く。西脇の方は文学の母胎として祭祀があったと説くが、その祭祀の時代に先行する「不文」の時代については述べていないという点である。

一方、折口は「不文」の時代を尊重し、その時代において十分に蓄えられた言語もしくは「言語情調」が、文字の時代に色濃く影を落とし、その後の詞章の伝播に多大な影響を与えていると述べている。加えて折口はこの「不文」の時代に口頭の詞章が保存された理由として、それらが信仰的な性質を帯びていたからだと言明している。

折口は「一　古代詞章の上の用語例の問題」〔「水の女」・『折口信夫全集　2　古代研究（民俗学篇1）』・一九九五年三月・中央公論社・八三頁〕において「言語情調」という概念の定義づけを以下のように行っている。


口頭伝承の古代詞章の上の、語句や、表現の癖が、特殊な―ある詞章限りの―ものほど、早く固定するはずである。だから、文字記録以前に既に時代々々の言語情調や、合理観が這入つて

来る事を考へないで、古代の文章及び、其から事実を導かうなど〻する人の多いのは―さうした人ばかりなのは―根本から、まちがうた態度である。

ここで折口が指摘しているのは、「言語定着」の性質についてである。折口によると「口頭伝承の古代詞章」においては、特徴的な言語表現ほど後世に渡って「固定」するものであるという。むしろ体系化された言語は特異性が低くなるため、逆に定着せず、後世の文字化された詞章の時代に淘汰されてしまうと主張する。

この折口の主張は、「言語定着」の特異性と言う観点から見れば、正鵠を射ていると言えなくもない。しかし、主張の客観的根拠或いは普遍的妥当性と言う点から見れば、若干の「危うさ」を有しているのも事実である。だが、この「危うさ」が西脇の「古代」への認識と微妙に化合したと考えることは、二人の類稀な古代観を知る上で貴重な要点でもある。

また視点を変えれば、二人がそれぞれの「古代」に傾注していた大正末から昭和十年代に至る時代は、土居光知が『文学序説』［一九二二年六月・岩波書店］所収の論文「原始時代の文学」等において日本文学発生の起源を追及していた時代とほぼ重なる。当時の文学研究者の思惟が「古代」をキーワードに展開されていたことは実に興味深い。

確かに西脇にとって『古代文学序説』に傾注していた時期は、詩作の方面から見れば消極的な時期でもある。『Ambarvalia』を刊行した一九三三年以降は、断片的に詩作を行ったり、草稿ノート等は残しているが、新たに詩集を刊行するほどの、纏まった創作活動を展開できないでいた。しかし、視点を変えると『古代文学序説』は、西脇にとって、それほどまでに重大な意味を秘めていたと考えるのは強ち間違いではない。

それは言い換えれば、この時期は「幻影の人」の存在を、自分自身の中に強く刻印しようと務めた時期であり、以後、西脇の創作、及び研究における中核を形成する「幻影の人」の特質を見極めようとした時期であったに相違ない。

「幻影の人」と「まれびと」――『古代文学序説』をテキストに――

西脇順三郎が『古代文学序説』で述べようとした内容の中核にあるのが、「幻影の人」の存在である。西脇の言う「幻影の人」とは、時代背景や歴史的事象に関係なく潜在し続ける、「超時間的な存在」であり、それは何らかの契機を経て、奇跡的に感得されるという性質を帯びている。

西脇が『古代文学序説』の研究対象として選んだ、古代ゲルマン人の生活や文化については、『ゲルマーニア』、『ベーオウルフ』等の史書ならびに叙事詩を紐解くことにより、凡その事実は明確になるものの、両著共に客観的史実に基づいて叙述されたとは言いがたい点も数多く、一般的な古代研究者にとっては効果的な文献とは言えないだろう。

しかし、その一見、短所とも思える両著の性質は、西脇順三郎の類稀な想像力を喚起し、多分に詩情というものを保持する形で、『古代文学序説』の筆を進めたとも言える。多くの研究者が指摘するように、『古代文学序説』は一般的理解によるところの、博士論文の体を為しておらず、論考というよりは詩的な随筆とでも言うべき性質を帯びている。

『古代文学序説』が論文という体裁を離れ、詩的な随筆とでも呼ぶべき性質を持つに至った理由の一つとして挙げられるのは、西脇が「幻影の人」の存在を、決して実証的とは呼べない、古代の文献上に求めようと試みた意識の中にあると言えよう。

西脇の説く「幻影の人」とはあくまで、人間の精神または意識の中に存在するものであるとともに、比較的消極的な方法で永遠及び、それから認識される人間の有限的存在としての根本的な寂寥感を人間に感じさせる存在である。

その為、客観的認識に基づいた叙述が困難であり、折口の説く「まれびと」のように、祭祀や民俗的行事の中で具現化されたり、神懸りした呪言として音声化されたりすることもない。両者の決定的な相違点は、このあたりにも見出すことができる。

それでは、『古代文学序説』とほぼ同時期に想起され、叙述された『旅人かへらず』の「はしがき　幻影の人と女」を味読し、「幻影の人」の特質について、論考を進めたい。

尚、本節では『定本　西脇順三郎全集　第一巻・第二巻』〔一九九三年十二月・一九九四年一月・筑摩書房〕を作品の典拠とした。

はしがき

幻影の人と女

自分を分解してみると、自分の中には、理知の世界、情念の世界、感覚の世界、肉体の世界がある。これ等は大体理知の世界と自然の世界の二つに分けられる。

次に自分の中に種々の人間がひそんでゐる。先づ近代人と原始人がゐる。前者は近代の科学哲学宗教文芸によつて表現されてゐる。また後者は原始文化研究、原始人の心理研究、民俗学等に表現されてゐる。

ところが自分の中にはもう一人の人間がひそむ。これは生命の神秘、宇宙永劫の神秘に属するものか、通常の理知や情念では解決の出来ない割り切れない人間がゐる。

これを自分は「幻影の人」と呼びまた永劫の旅人とも考へる。

この「幻影の人」は自分の或る瞬間に来てまた去つて行く。この人間は「原始人」以前の人間の奇蹟的に残つてゐる追憶であらう。永劫の世界により近い人間の思ひ出であらう。

永劫といふ言葉を使ふ自分の意味は、従来の如く無とか消滅に反対する憧憬でなく、寧ろ必然的に無とか消滅を認める永遠の思念を意味する。

路ばたに結ぶ草の実に無限な思ひ出の如きものを感じさせるものは、自分の中にひそむこの「幻影の人」のしわざと思はれる。

次に自分の中にある自然界の方面では女と男の人間がゐる。自然界としての人間の存在の目的

は人間の種の存続である。随つてめしべは女であり、種を育てるのも女であるから、この意味で人間の自然界では女が中心であるべきである。男は単にをしべであり、蜂であり、恋風にすぎない。この意味での女は「幻影の人」に男よりも近い関係を示してゐる。

これ等の説は「超人」や「女の機関説」に正反対なものとなる。

この詩集はさうした「幻影の人」、さうした女の立場から集めた生命の記録である。

昭和二十二年四月　　　西脇順三郎

この「はしがき」にあるように、西脇の説く「幻影の人」とは、「〈原始人〉以前の奇蹟的に残つてゐる追憶」であり、「永劫の世界により近い人間の思ひ出」でもある。

この「幻影の人」の持つ性質に大きな影響を与えているのが、「はしがき」中に見られる、「永劫」という言葉に対する西脇の、独創的とも思える解釈である。西脇は「永劫」という言葉を、従来のように「無とか消滅に反対する憧憬」と考えるのではなく、「必然的に無とか消滅を認める永遠の思念を意味する。」としている。

そして、このような「永劫」の解釈のもとに存在する「幻影の人」は、人間に有限の存在という根本的な寂寥感を感じさせる存在として、『旅人かへらず』の世界の中で、絶対的な意味を帯びてくる。

つまり西脇の中では「永劫」と言う言葉（概念）が意味するのは、「無とか消滅」を受容した上で意識される一種の諦念である。しかし、だからと言って西脇の説く「永劫」は人間の存在を根底から否定するものではない。むしろ諦念という場を踏まえて止揚する、飽くなき人間理解へのアプローチでもある。この点を認識しないと西脇論の本質は見えてこない。

さらに、この「幻影の人」の性質について西脇は、『古代文学序説』の「結語Ⅰ」において、「人間の存在それ自身に淋しさを感じ、人間の存在は孤獨であると感ずる」ものであると規定し、また「原始文化研究は十九世紀の進化論を認めることになる。「幻影の人」の立場はそれと反対な方向を行く一つの原始人研究の方法である。」と規定している。

こうなると、「幻影の人」とは科学的進化をし続ける現代からは、最も遠い時空に存在するものであり、時間を遡行すればするほど、人間は「永劫の世界により近い人間の思ひ出」を感受できるという理解が成り立つ。

ここで想起されるのは折口の「妣が国へ・常世へ　異郷意識の起伏」『折口信夫全集　二　古代研究（民俗学篇1）』・一九九五年二月・中央公論社・一三頁・初出「國學院雑誌」第二十六巻五号・一九二〇年五月」における一節である。

われ〳〵の祖たちが、まだ、青雲のふる郷を夢みて居た昔から、此話ははじまる。而も、とんぼう髷を頂に据ゑた祖父・曾祖父の代まで、萌えては朽ち、絶えては蘗えして、思へば、長い

年月を、民族の心の波の畦りに連れて、起伏して来た感情ではある。開化の光りは、わたつみの胸を、一挙にあさましい干潟とした。併し見よ。そこりに揺るゝなごりには、既に業に、波の明日の兆しを浮べて居るではないか。

折口が説く民族の感情もまた、「青雲のふる郷を夢みて居た昔」から現代まで、「萌えては朽ち、絶えては蘖えして」来た感情であり、それは「幻影の人」の古代から現代における営みと類似している。

また、前述した『古代文学序説』の「結語I」における「原始文化研究は十九世紀の進化論を認めることになる。「幻影の人」の立場はそれと反對な方向を行く一つの原始人研究の方法である。」という箇所は、「妣が国へ・常世へ　異郷意識の起伏」の「開化の光りは、わたつみの胸を、一挙にあさましい干潟とした。」という箇所と呼応している。

つまり、西脇も折口も「進化論」或いは「開化の光り」に逆行する存在として、「幻影の人」と「まれびと」の特質を浮き彫りにしようと務めたのである。これは、近代化への批判であると共に、古代を現代の中に見出そうと務める両者の、思想の表明であるとも考えられる。

澤正宏【さわ・まさひろ】はこの点について、「『旅人かへらず』論」（『西脇順三郎の詩と詩論』・一九九一年九月・桜楓社八一頁（初出「言文」二六号・一九七九年十月・福島大学国語国文学会））において次のように述べている。

理知により超えられる自然から超えられない自然へと自然観を変化させたのが、西脇順三郎が絶対ではないと反対していた、永劫としての無に対する思いである。「永劫といふ言葉を使ふ自分の意味は、従来の如く無とか消滅に反対する憧憬でなく、寧ろ必然的に無とか消滅を認める永遠の思念を意味する」（同前）という、心境の変化をみせた述懐には、絶対的な無という自己の観念への屈服が読みとれる。この屈服が、

無限の過去の或時に始まり
無限の未来の或時に終る
人命の旅
この世のあらゆる瞬間も
永劫の時間の一部分
草の実の一粒も
永劫の空間の一部分
有限の存在は無限の存在の一部分　　（一六五・部分）

というように、存在するものすべてを有限な存在としてみさせるようになり、心の奥深くからとめどない宿命的な淋しさを湧きあがらせることになる。西脇順三郎は、淋しさは自己の内部

の他者、つまり、「割り切れない人間」、「幻影の人」(「はしがき」・前出)、によりもたらされるとすることで淋しさを発見しているが、それは、淋しさを何によっても超えることが不可能な実存的存在として認めたからであり、ここより、理知によっても超えられぬ自然観が形成されたのだ。淋しさを発見させ、自然観を変化させたのが、絶対的な無という観念への屈服であったことは明らかである。

澤の指摘にあるように、西脇は「絶対的な無という観念への屈服」を認識することにより、「幻影の人」の「実存的存在」としての特性を見出し、それに基づいて『旅人かへらず』の主調とでも呼ぶべき、「存在の淋しさ」を詩集に反映させることに成功したと言えよう。

続いて、『古代文学序説』の「結語」の読解を行いながら、「幻影の人」の特質について、更に論考を進めることにする。

前述したように、西脇は『古代文学序説』・「結語Ⅰ」(二九八頁)の中で、「原始文化研究は人間の理知を中心とし、その意識的な世界を取り扱ふのであるが、「幻影の人」という観点は、人間存在の神秘または生命の神秘といふことを感じ、その無意識な世界を取り扱ふ方法として取った立場である。原始文化研究は十九世紀の進化論を認めることになる。「幻影の人」の立場はそれと反対な方向を行く一つの原始人研究の方法である。「幻影の人」は人間の存在それ自身に淋しさを感じ、人間の存在は孤独であると感ずるのである。」と述べているが、この「結語Ⅰ」を捕捉する形で、

「結語Ⅲ」において、西脇は『カンタベリー物語』の「騎士の話」〔『筑摩世界文学大系十二』・一九七二年・筑摩書房・西脇順三郎訳〕に登場する「老王エーゲウスを例に挙げ、この老王の語りの中に、「幻影の人」の存在が確認できると述べている。先ず、「騎士の話」の関連箇所を引用し、「幻影の人」が有する特質について、より深い分析を加えたい。

どんな身分にしても地上に生きていなかった人は死ぬことがなかったように、いつか死なないような人がこの世に生きていたためしはない。この世は不幸に満ちた街道に過ぎないのだ。そしてわれわれはそこを行き来している巡礼なのだ。どんな浮世の苦しみも、とどのつまりは死で終わるのだよ。

「幻影の人」を、「人間の存在それ自身に淋しさを感じ、人間の存在は孤独であると感ずる存在である」（「結語Ⅰ」）と規定する西脇は、「この世は不幸に満ちた街道に過ぎないのだ。そしてわれわれはそこを行き来している巡礼なのだ。」という消極的で寂寥感に満ちた人間存在の認識を、エーゲウスに起こさせる存在こそが「幻影の人」であると述べている。西脇が言うように、エーゲウスの意識の中には、人間とは「不幸に満ちた街道」を「行き来している巡礼」に過ぎないという人間存在に対する消極的な認識があり、その認識が存在するということは、やはり『カンタベリー物語』の時代においても、「幻影の人」は確かな足跡を歴史（時）の中に印している証拠ともなり得る。

そして、西脇は「結語Ⅳ」で、「一般に文学史を研究する時は多くその変化を見ようとするが、私は古ゲルマン人の文学を考える時、それと反対な方法で、変化しないところを発見しようとした」と述べているが、この叙述は『古代文学序説』のみならず、『旅人かへらず』に端を発する戦後の詩集において、「変化しない存在」が論の基調を形成している点からも注目すべき箇所である。加えて、この思考は西脇における「古代」に対する理解においても、大きな意味を持つ。やはり西脇における「古代」は過ぎ去った過去という存在であるだけでなく、現代にもその命脈を見出すことができる現在の思惟であり、心理でもある。

そして西脇の発想に中には「変化する存在」より「変化しない存在」に重きを置くという志向があり、前述のようにこの発想に類するものとして考えられるのは、日本的という言葉の意味を「日本に特有な」という意味ではなく、「日本にもあり、他の国や地域にもある」と考え、また、日本（東洋）の文学的な資質と、西洋（ヨーロッパ）の文学的資質とが、余り大きく異なるものではないという西脇特有の考え方を読み取ることができる。

無論、西脇の言説には詩的な視線が介入しているので、この記述をそのまま受け取ることはできないが、西脇がそのように考える根拠がどこかに存在するわけである。その一つとして挙げられるのは、度々西脇が説くところの「放浪者的詩観」における根本的理解に相違なかろう。西脇は『詩のこころ』の「放浪者的詩観」（二八頁～三三頁）の中で次のように述べている。

西脇　ところが放浪に関するものは―今度は古代文学になるんだけれども、非常にむずかしいんですね。大体古代人というのは放浪というものが日常のことで…ぼくの考えでは民族の移動とか、絶えず放浪していたんじゃないですか。古代人の生活というのは、定着していることがごく少なかったんじゃないですか。

山本　農業社会は定着しているけれども…。

西脇　そうじゃない人は、放浪というものが人間の生活の様式だったでしょう。だから放浪ということが入ってくるということは、当然なんですね。

（中略）

西脇　しかし、結論的にいうと、放浪してもしないでもいいんですよ。とにかく放浪ということは事実上重大なる、人間に哀愁を感じさせるものになったんです。古代の習慣として、古代の民族の社会制として、そうなっていたわけです。

山本　万葉集で詩として最高の達成を示したのはどういうふうな詩か、ということを考えた場合に、釈迢空氏はしょっちゅう言っているわけですけれども、人麻呂とか、高市黒人だとかいう人の羈旅の歌、旅の歌というのが一番いいと言うんです。一番知的である。ファナチックな感じはないし、人間の愚かさというものがないし非常に聡明であって、しかも人間の孤独な存在感というものを歌いあげている。そういう歌が羈旅歌に始まっていると見ていますが、やはり日本の古代の和歌からしてそうですね。放浪の詩というものは非常に、人間の……さびしさ……。

西脇　そういう点から見ても、シナの詩というのは―日本にもそれが伝えられてきているのか、そこはまあ重大なことをもう少し科学的に研究しなきゃだめですけれども、大体放浪というものは、ゲルマニアの古い書きものにはみんなあるんです。放浪詩があるんですよ。放浪者の歌とか……

西脇は山本との対談を通じて、特に古代においては放浪というものが一つの日常であり、その日常の営みに対して、ほぼ生得的に哀愁を覚えたのであろうと述べている。定置的な農耕生活に入る前の古代人は生きるために移動し、獲物や牧草を求めて放浪した。その途上で肉親等の死と遭い、その場所に亡骸を葬ったこともあったろう。やがてその場所を離れ、他の場所へ移動した古代人は逝いた肉親を想う気持ちに重ねて、過去の場所を思慕したのかもしれない。或いは他の種族の異性と恋が芽生えたものの、移動という絶対的なルールの下に引き裂かれた古代人が、遠く彼の地を思い遣ったのかもしれない。いずれにしても、移動という現実が引き起こしたとも言える放浪者の悲しみが、古代人の情操に深く刷り込まれ、基本的な感情を形成する一因となったことは確かであろう。

加えて、ここで注目すべきは山本の言説の中に「釈迢空」【しゃく・ちょうくう】の文字が見えることであろう。山本によると釈迢空は「羇旅の歌、旅の歌というのが一番いい」という意見を述べ、その理由として、これらの歌（或いは作者）には聡明さを感じることを挙げている。
また山本は同著の「万葉とシナ」（一一三頁〜一一四頁）の中で西脇の問いかけに対して、次のように答えている。

西脇　折口先生はどうでしたか。古今より万葉がいいと。どういうところがいいと仰るんですか。
山本　むしろ聡明な詩、知的な詩、深い思索体験を示している詩、そういったものを賞揚される。その系統は高市黒人なんかに始まって、山部赤人なんかを通って、大伴家持に至る。そういう知識人の系統を一番好まれましたね。そして万葉集からたった一首あげよといわれたらどういう歌をあげたかというと、大伴旅人の舎人の歌で、旅人が九州の太宰府から都へ帰るときに、自分たちは道を別に取って、船に乗って瀬戸内海を帰ってくるわけです。そのときの旅の心細いような不安な感じを詠んだ歌。自分たちの行く先はどうなることかという感じを詠んだ歌なんですが、それが非常に知的な、その当時としては無類に新しい思想的体験を詠んでるというんですね。
西脇　ああそうですか。
山本　「家にてもたゆたふ命、波の上に浮きてしをれば奥処知らずも」という歌です。（中略）
山本　やっぱり、「家にてもたゆたふ……」命ということばを使っていますけれども、この命

というのは普通われわれが考えている命というんじゃなくて、何か存在感というか、自分の存在の不安定さを直覚している。それが不安だという。揺れ動いているという感じです。

ここでも山本は折口が知識人の系統に属する歌人の歌を賞賛している例を挙げ、「存在の不安定さ」という詩情に折口が賛辞を手向けていることを示唆する。この山本の指摘は、「移動→放浪→存在のさびしさ」という西脇独特の文学観に対して、折口の文学観がほぼ一致するものであることを明示している。

このように、『詩のこころ』に掲載された二箇所の叙述を見る限り、西脇と折口が古代人の旅、そして放浪を基盤とした心情もしくは意識に、文学の発生理由の一端を見ようとしている視線を十分に感得できる。

また、西脇は古代ゲルマン人の行動の規範となった心情として、「争闘と苦しみ」とを挙げている。一方、折口は「妣が国へ・常世へ―異郷意識の起伏」の中で祖たちがこれまで住んできた「本つ国」に対する恋慕の情が子や孫に引き継がれ、やがて空想化された「本つ国」が感傷を背景にした形で定着すると説いた。

両者の旅（移動・放浪）に対する想いは一見、重ならないように思えるが、西脇の説く古代人の心情と、折口の説く古代人の心情とは、旅（移動・放浪）を重ねた後、現代において蘇生するところに共通点が見出せると言えよう。

また、民俗調査の為に各地を旅した折口は、目的地における綿密な調査、採集だけではなく、目的地間の移動も自己の学問及び、創作のための重要な対象であると考えていた。

一方、西脇も公用を含めると、ロンドン、イタリアを初め、小千谷【おぢや】、伊豆【いず】、奈良【なら】、播磨【はりま】等、その旅の範囲は国内外に及ぶ。しかし、西脇は折口に比べると、目的地間の移動にそれほど深い関心を示したわけではなく、どちらかと言えば定点を定めた形で国内外の各地を詩材とした。

さらに、西脇は『古代文学序説』において「放浪人」という項目を設け、古代ゲルマン人における「放浪」の意味を仔細に述べている。

この点について、西脇順三郎は、前出の『詩のこころ』〔「放浪者的詩観」・三三一頁〕の中で、次のように述べている。

西脇　ゲルマニアの古い時代についての論文をぼくは書いたことがありますけども、その中に〝放浪〟という題をつけた一章があるんです。それは古代英語の詩にも残っているんですね。〝放浪者の悲しみの歌〟というのがあるんです。そういうわけで放浪というのは古い時代の民族にはみなあったと言えます。

（中略）

山本　ええ。それが、たとえば先生の「旅人かへらず」の発想の根源もそういうところにある

かという感じがしていたわけですけれども……。

「放浪」という概念及び行為は、「古い時代の民族にはみなあった」と主張する西脇が、さらに、山本の問いかけに呼応する形で、『旅人かへらず』の発想の源に、この「放浪」というものがあったと述べている。ここで西脇が言うところの、「論文」とは、『古代文学序説』であるが、右に引用した箇所からも明確になってくるのは、『古代文学序説』と『旅人かへらず』との関係である。つまり、両著は「放浪者的詩観」を一つの媒介として、さらに両著の「はしがき」にある「幻影の人」を共通項として持つことにより強く関係付けられているのである。

やはり、両者の考える「古代」観を解く鍵として「放浪」という概念は極めて重要な意味を持つ。日本民族にもゲルマン民族にも共通している「放浪」という概念は、民族の境を超えて存在するものであることから、西脇自身の説くコスモポリタンとしての民族（人間）観を捕捉するとも言える。その点からも「放浪」という概念は西脇詩学を貫く礎石でもあるだろう。

「古代」に端を発し、やがて歴史的時間を揺蕩いながら現代へと受容され、その存在を確かめるという行為こそが、西脇にとっても折口にとっても揺るぎない人間存在に対する視点であったことは言うまでもない。

西脇は『古代文学序説』の「放浪人」の項で「放浪・放浪人・巡禮」という語を、次のように用いている。

戦争と狩猟は武人の仕事である。武士はあまり農業に従事しなかつた。主要な階級の人達の國民生活が斯く常に動いてゐるのであつた。「放浪する民族」の放浪の精神 Wandergeist といふものが文學に現はれてゐるが、それは武人の生活を傳統としたものであろう。また或る時代には Viking の活躍する時代になり、その精神が益々高められることになる。今日の言葉で Wanderlust といふものがあるが、旅を憬がれる感傷的な氣持ちをいふ。さうした「旅心」はゲルマン的な詩情となった。

（中略）

武人生活から發達した Wandergeist は吟詠詩人の中に流れて一つの哀愁の詩情となった。放浪人（eardstapa）は放浪の淋しさ、地上の苦しみ、世のうつりかはりを歎くのである。

（中略）

人生は一つの遍歴であつて、善と悪との争闘である。人生を巡禮にたとへることは極く普通の形で、ダンテの「神曲」も人間が霊の救済の目的で巡禮する形とも考へられる。

西脇は右の引用箇所以前の部分で、Viking の時代以前からのゲルマン人の精神的基盤、あるいは感情的な特徴として、「旅心」を挙げている。また、西脇はこの「旅心」がやがて「吟詠詩人」に継承され、文芸（芸能）として定着する過程を略述し、古代から八世紀そして十一世紀半ば頃に至る、「旅心」の系譜について述べている。

一方、折口の説いた「ほかひ」・「ほかひびと」・「漂白伶人」・「巡遊伶人」等について、西脇が深い理解をしていたかは疑問だが、折口の説く「ほかひ」・「ほかひびと」の持つ、追放者的な諦念や、異郷での新たな可能性を求める心情を、放浪するゲルマン人の心情と重ね合わせる時、両者に通低する要素を見出すのはそれほど、難渋なことではあるまい。吉田修作【よしだ・しゅうさく】は『折口信夫事典　増補版』〔大修館書店・一三六頁〕の中で「ほかひびと」の発生について次のように定義している。

ほかひびととは本来は村々の神人であったが、その神人の大檀那である豪族が大和朝廷によって滅ぼされるか、滅ぼされぬまでも大和朝廷の影響によって族長の信仰の内容に変化が生じた場合、この信仰の替わり目に順応することのできなかった地方では、段々に「神々の死」が始まり、そうした「神のむくろ」を護りながら、他郷に対しては一つの新来の神であるという威力を利用して、本貫を脱出する者が続出する。〔中略〕そして、彼らは諸国を回るとともに、祖国の神々に関係の深い叙事詩や歌を各地に撒布していった。

殊に傍線を施した箇所に着目すると、そこにはゲルマン人の「放浪者的詩観」との類似性をある程度、読み取ることができよう。とりわけ、西脇が『古代文学序説』の中で説く「吟遊詩人」との共通性は明瞭であろう。

これが、折口から西脇への影響によるものか、或いはゲルマン人と日本人という異なった研究対象の中で、別個に見出された類似点なのかは判別できないが、いずれにしても西脇と折口の思念が、重なり合うところに着目すべきである。

次に西脇、折口両者の「古代研究」における繋がりを示唆するものとして、「標山」（標の山）を例に挙げて、両者の理解について考えてみたい。

「幻影・第六号」［一九八八年五月・西脇順三郎を偲ぶ会編］で清水康弘【しみず・やすひろ】が指摘しているように、柳田、折口、西脇は「標の山」を媒介に民俗的な要素を共有している。清水は、「信濃川静かに流れよ　我が歌のつくるまで」（―青春歌の絶唱・小千谷高校校歌―）（「幻影第六号」）で、西脇が生前「小千谷は昔天領だったのだよ。ヒョウ、ヒユ、ヒウなどと国の者は発音し、薭生の字を当てている。原義から考えて『標の山』とした。」と語ったエピソードを紹介しているが、これは清水が同文で挙げている柳田の『地名の研究』との結びつきもさることながら、私は折口が「髯籠の話」［『折口信夫全集　二』一九九五年二月・中央公論社・一七七頁・初出「郷土研究」・大正四年四・五月、五年十二月号］において「標山」に言及する箇所に両者の緊密な関係を読み取る。

神々の天降りに先立ち、人里との交渉の尠い比較的狭小な地域で、さまで迷惑にならぬ土地を、神の標山と此方で勝手に極めて迎へ奉るのを、最完全な手段と昔の人は考へたらしい。即、標山は、恐怖と信仰との永い生活の後に、やつと案出した無邪気にして、而も敬虔なる避雷針で

あつたのである。

一九五二年一月に制定された、西脇順三郎作詞による小千谷高校校歌には、折口が「髯籠の話」で取り上げた「標山」が、そのまま用いられている。小千谷の人々にとって、穂生（ヒョウ→標）は「人里との交渉の尠い比較的狭小な地域」であり、「標山」とするに相応しい地域である。清水氏の聞き取りにもあるように、西脇は「標山」が持つ原義を理解していたのであるが、「標山」の持つ、民俗的な意味を西脇に授けたのが折口であったと考えられなくもない。

また、小千谷高校校歌が制定された一九五二年と言えば、硫黄島【いおうじま】で戦死した折口の養嗣子、春洋【はるみ】の遺品が洞穴中で発見された年に当たり、また同年十月には折口古代学の総決算とも言える「民族史観における他界観念」が発表された年にも当たる。折口はその翌年の九月、胃癌のため、六十六歳の生涯を終えている。

このように西脇は独自の感性と、折口の影響が感じられる古代認識に基づいて、古代ゲルマン人の中で普遍的でありえた心情について、「幻影の人」をキーワードとして解いてみせたわけだが、元々「日本的という事は、日本にだけ通用するという意味ではなく、日本でも通用し、世界でも通用することだ。」という独特の思考を有していた西脇にとって、ゲルマン人の普遍的な心情を理解する為に、どうしてもそれを異なった視点から説明する対象が必要であったに違いない。

そんな西脇にとって、折口の説く「ほかひびと」や「巡遊伶人」の持つ意味が、自己の内側にある、ゲルマン人の心情の基盤を形成する、「放浪人」としての特質を論ずる際に恰好の対象であったのかもしれない。いずれにしても、西脇の「幻影の人」、折口の「まれびと」はそれぞれ独自の位相を保持しながら、それぞれの「古代」を歩むことになる。

注

（1）本論の場合は、西脇順三郎が折口信夫から受けた影響を言う。その内容は主に、民俗学に関わるものだと推定される。殊に折口の大正期における二度にわたる沖縄採訪の旅から、西脇が得た影響は少なくないと考えられる。

（2）本論の場合は、西脇順三郎の考究した古代ゲルマン民族における、民俗的な風習や祭祀における諸要素と、折口信夫が考究した日本における、民俗的な風習や祭祀における諸要素とが、高い類似性を呈することを言う。西脇と折口にとって、この類似性の確認は個々の古代に対する認識に大きな影響を与えたと考えられる。

参考文献

安東伸介【あんどう・しんすけ】編（一九八四）『回想の西脇順三郎』（慶應義塾三田文学ライブラリー）

安藤礼二【あんどう・れいじ】（二〇〇四）『神々の闘争　折口信夫論』（講談社）

谷川健一【たにかわ・けんいち】（一九八〇）『柳田國男と折口信夫』（思索社）

石川公彌子【いしかわ・くみこ】（二〇〇九）『〈弱さ〉と〈抵抗〉の近代国学　戦時下の柳田國男、保

田與重郎、折口信夫』（講談社）
小田康之【おだ・やすゆき】編（一九九四）「現代詩手帳【特集】生誕百年　西脇順三郎読み直し」（思潮社）
北川透【きたがわ・とおる】（一九七〇）『詩と思想の自立』（思潮社）
工藤美代子【くどう・みよこ】（一九九四）『寂しい声　西脇順三郎の生涯』（筑摩書房）
慶應義塾大学国文学研究会編（一九八五）『折口信夫　まれびと論研究』（桜楓社）
慶應義塾大学国文学研究会編（一九八九）『折口学と古代学』（桜楓社）
西村亨【にしむら・とおる】（一九八五）『折口名彙と折口学』（桜楓社）
藤井貞和【ふじい・さだかず】（二〇〇〇）『折口信夫の詩の成立』（中央公論新社）
吉本隆明【よしもと・たかあき】（一九七八）『戦後詩史論』（大和書房）
吉本隆明【よしもと・たかあき】（二〇〇六）『詩学叙説』（思潮社）

第二章　中国におけるアイドル文化の考察
——日本のアイドル文化からの影響——

文　秀秀

はじめに

二〇〇二年、中学生だった筆者はテレビっ子であった。当時の本港台《ホンコウタイ》というテレビチャンネルが日本のテレビドラマをよく放送していた。『ごくせん（第一シリーズ）[1]』というドラマに出演した松本潤【まつもと・じゅん】をきっかけに、ジャニーズの魅力に魅了され、ジャニーズファンの一員となった。その後、二〇一〇年から二〇一七年まで日本で留学し、数多くのジャニーズファンと接してきた。帰国後、現在大学で教鞭を取っている筆者は、学生達から「日本のアイドルが好きだから日本語を勉強しようと思い、日本文化に興味を持つようになりました」という話を度々聞く。まるでかつての自分を見ているような心境である。

さて、本稿の本題に入ろう。日本はアジアで第一位、世界で第二位のレコードマーケットであり、完成されたタレント育成方針を保持するアイドル事務所が数多く存在する。その中で、ジャニーズ事務所は日本で最も影響力がある芸能事務所の一つであると言われる。その人気は日本国内だけに留まらず、中国をはじめとして、世界各国で拡大しつつある。それに比べれば、中国のアイドル産業はまだ曙を迎えたばかりである。本稿は日本アイドル文化の中国における浸透を考察する。三章に分けて執筆した。第一章は日本でのアイドルの歴史およびジャニーズ事務所の歴史、第二章はジャニーズ事務所の運営実態およびアイドル文化、第三章は中国における日本アイドル文化の影響を考察した。筆者はジャニーズの運営モデルの成功から、日本アイドル文化が中国の若者およびエンターテインメント界への影響を分析することを試みた。また、そこからヒントを得て、中国のアイドル産業の未来を探求することが本稿の狙いである。

一　アイドルとは

アイドルの定義づけ

二〇一九年現在、「アイドル」とは極めて広義のものが含まれる。広辞苑（第七版）によれば「アイドル」とは「①偶像、②あこがれの対象者。人気者。特に青少年の支持する若手タレント」である。[2]

「アイドル」という言葉は英語の「ｉｄｏｌ」に由来するが、稲増龍夫【いなます・たつお】（一九八九）によれば、日本で「アイドル」という言葉が使われ始めたのは一九七〇年代である。一九七一年、『第二二回ＮＨＫ紅白歌合戦』[3]に初出場した南沙織【みなみ・さおり】が司会者より「ティーンのアイドル」と紹介されており、この時点で「アイドル」という言葉が使用されている。また、テレビ番組『スター誕生』出身の山口百恵【やまぐち・ももえ】などが活躍する一九七〇年代後半に入って、「アイドル」という呼称が芸能人・タレントの総称として一般化するようになった。

アイドル業界は松田聖子【まつだ・せいこ】、中森明菜【なかもり・あきな】、松本伊代【まつもと・いよ】、早見優【はやみ・ゆう】、堀ちえみ【ほり・ちえみ】、おにゃんこクラブがデビューする一九八〇年代に隆盛に至って、「アイドル」という言葉の定義は広義化を続け、多くの意味を含む言葉となった。

「アイドル」と聞いて、最初にイメージするのは、ポップスを歌っている「アイドル歌手」である。次に、清純なイメージを持つ若手女優、いわゆる「アイドル女優」が思い浮かぶ。続いて、主に男性誌を中心とした写真（グラビア）で活躍する「グラビアアイドル」。さらに、ティーンのなかでも小学生、中学生程度の年齢で活躍する「チャイルドアイドル」、略称「チャイドル」。従来ならアニメ産業の裏方であるはずの声優がアイドル化した「アイドル声優」。メジャーデビューせずに地道なライブ活動を行う「地下アイドル」。スポーツ業界におけるマスコット的存在の「スポーツアイドル」など様々な「アイドル」が存在する。「アイドル」という言葉は、現在では標準化された「普通名詞」と化してしまっていると言える。

本稿では、このような「アイドル」の定義の広さを鑑み、特に注記がない限り、いわゆる「アイドル歌手」のことを単に「アイドル」と呼ぶことにし、論じていく。「アイドル」についての細かい定義付けは別稿にゆずり、本稿では日本でも有数のアイドル事務所であるジャニーズ事務所を具体例として扱いながら、そのマーケティング手法に焦点を当てていきたい。

ジャニーズ事務所の誕生

ジャニーズ事務所の創立者兼社長のジャニー喜多川【じゃにー・きたがわ】はロサンゼルスで生まれた。一九五〇年代に、来日して、米国大使館で通訳として働く傍ら、宿舎近所の少年たちを集めて野球チームを作った。そしてそのチームを、本人のニックネームである「ジャニーズ」から取り「ジャニーズ」と名付けた。それが「ジャニーズ」の名前の由来である。[4]

ジャニー喜多川が芸能界に身を投じたのは、ミュージック映画『west side story』[5]、がきっかけだった。本人へのインタビューによると、当時、野球チームのメンバーと一緒に『west side story』を鑑賞していた際、映画の中で歌ったり、踊ったりしている若者の姿に魅了された。そして彼らのような若者を育て、歌ったり、踊ったりする文化を日本で広めようと考えた。[6]

一九六二年、ジャニー喜多川はジャニーズ事務所を創立して、いくつかの男女のグループを売り出そうとしたが、成功には至らなかった。一九七五年事務所が正式に株式会社として法人登記したと同時に、ジャニー喜多川は男性アイドルの育成に力を注ぐようになり、ここから「ジャニーズ」というブランドが作り上げられていく。

ジャニーズ事務所はアイドル隆盛期の一九八〇年代頃から人々に注目されるようになる。その中で、最も代表的なグループが少年隊【しょうねんたい】である。彼らは一九八二年にハワイ音楽祭で金賞を獲得し、一九八五年にレコードデビュー、一九八六年にＮＨＫ紅白歌合戦に出場し、一九八七年に発売したブロマイドが年間販売量第一位を獲得した。

一九九〇年代に入るとジャニーズ事務所は飛躍的に発展した。日本における国民的アイドルグループであったＳＭＡＰ【すまっぷ】は一九八八年に結成し、一九九一年のＣＤデビュー以降、アジアを風靡した。ＳＭＡＰの活躍によって、ジャニーズ事務所は日本のエンターテインメント界での地位を著しく高めた。そしてジャニーズにおけるキャリアプランは音楽のみに留まらず、ドラマや映画俳優、バラエティー司会やニュースキャスターなど各領域にも及んだ。ジャニーズ事務所所属のアイドルは様々な分野で活躍しており、日本エンターテインメント界での影響力もますます拡大している。

二　ジャニーズの運営実態およびアイドル文化

ジャニーズの成功の三つの要因

ジャニーズジュニアの育成

ジャニーズジュニア（下記：Jr.）とはジャニーズ事務所に所属し、まだCDデビューしていないアイドルの総称である。

ジャニーズ事務所はJr.に対して長期育成の方針を採用し、彼らにダンスや歌などのレッスンを無料で提供している。研修では、二つのことが重要視されている。一つは言動で、もう一つは総合的な芸能能力だという。事務所はJr.に対して、幼い頃からその行為や言動に対して厳しく管理している。ジャニーズ事務所は徒弟制度を実施し、すでに芸能界で活動する先輩アイドルがJr.の学習と指導に当たっている。Jr.は先輩のコンサートでバックをつとめながら、露出度を高め、先輩のトークを身近で学習することができる。一九九〇年代以降は、育成制度の成果もあり、Jr.だけのコンサートや番組・映画出演が増加した。その代表として例を挙げられるのはＫｉｎＫｉ Ｋｉｄｓ【きんききっず】である。彼らは一九九三年に結成し、先輩であるＳＭＡＰのコンサートツアーでバックをつとめた。一九九四年に武道館でコンサートを行った。当時、ＣＤデビューをしていないにも関わらず武道館でコンサートを果たした。彼らは一九九六年にはレギュラーテレビ番組六本に出演していた。そして一九九七年にＣＤデビューを果たし、そのデビュー作の売り上げ累計が一七九万枚[9]の大ヒット作品となった。ＫｉｎＫｉ　ＫｉｄｓはJr.としての下積み時代を経たためＣＤデビューと同時に国民的アイドルにまで上り詰めた。ＫｉｎＫｉ　ＫｉｄｓのＣＤデビューした年に生まれた西畑大吾【にしはた・だいご】は一四歳でJr.になってから、テレビドラマに五回出演し（そのうち連続テレビ小説が二本）、映画に五本出演し（そのうち主演が二本）、舞台やコンサートに年間百回ぐらい出演するほかに、レギュラーとして出演するバラエティー番組、情報番組、ラジオ番組がある。まだＣＤデビューしていないにも関わらず色々な場で活躍する。

二〇一八年末に元アイドルグループのタッキー＆翼のメンバーである滝沢秀明【たきざわ・ひであき】が芸能界を引退し、プロデューサー業に専念するニュースが記憶に新しい。彼はインタビューで「デビュー前の子たちに時代に合わせた多様な活躍の場を設けたい」と答えた[10]。二〇一九年現在、ジャニーズ事務所には三〇〇人以上のJr.が所属し、先輩のバック、バラエティー番組、テレビドラマなど様々な場で活躍している。ジャニーズ事務所がJr.を育てることで、事務所が安定的に発展するとともに、長期的な利益をもたらすことができると考えていることは、ジャニーズ事務所のプロデューサーとなる滝沢の言葉からも分かる。

ジャニーズの魅力

ＣＤデビューを果たしたジャニーズ事務所のタレントは通称ジャニーズと呼ばれる。ジャニーズ事務所には多くのジャニーズが所属し、その魅力を語るのは難しいが、欠かせないのはグループの多様性、メンバーの異なる役割という二つである。

まずはグループの多様性である。ジャニーズ事務所傘下のグループは個性がそれぞれ異なり、各グループは自分なりのスタイル・武器を持っている。例えば、日本で広く知られているグループのSMAPは老若男女を問わず人々から愛され、彼らの代表曲である『世界に一つだけの花』は日本全国でブームとなり、大ヒットとなった。二〇一一年五月二一日、日本が中国に東日本大震災の復興支援に対する感謝として、SMAPが日本を代表して当時訪日中の中国国務院総理の温家宝【おん・かほう】と会見した。彼らは初の中国国務院総理と会見した日本芸能人になった。二〇一一年九月一六日に、SMAPがデビュー二〇年来初の海外公演を北京で開催した。そのタイトルが『がんばれ日本！ありがとう中国！アジアは一つ！』であった。二〇一六年にSMAPが解散したが、彼らが日本を代表するアイドルグループであったこと、日中両国の友好に大きく貢献したことは語り継がれていくであろう。また、新しい世代の国民的アイドルグループの嵐は、二〇〇二年にメンバー全員が主役となり撮影した青春映画の『ピカ☆ンチ　LIFE　IS　HARDだけどHAPPY』[11]が多くのファンを励ました。その他に、作詞作曲ができ、音楽創作に力を入れるKinKi Kids、ロックバンドのTOKIO、関西人のお笑いを取り入れた関ジャニ∞などのグループがある。グループの多様性は人々を飽きさせることなく、各グループが異なった個性と路線で進むことで、会社内部のグループがお互いにファンを奪い合う状況を避けている。また、掛け持ちのファン[12]にとっては、違う魅力を持つグループを応援することによって違う経験ができ、より一層楽しむことができる。

次に、二つ目の魅力として、同じグループ内のメンバーが異なる役割を担当していることである。各グループ中では、メンバーの役割が異なり、それぞれが自らの風格とイメージカラーを持っている。例えば、嵐には大野智【おおの・さとし】、櫻井翔【さくらい・しょう】、相葉雅紀【あいば・まさき】、二宮和也【にのみや・かずなり】、松本潤の五人がいる。大野智はアーティストとして、歌手や役者としての芸能活動以外に個展で絵の作品などを展示した。櫻井翔は名門大学卒で、司会やニュースキャスター等も務めている。相葉雅紀はスポーツやバラエティーに多く携わる。二宮和也はハリウッド映画に出演するなど俳優としての評価が高い。松本潤は自ら嵐のコンサートを企画担当し、アイドル自身によるマーケティング活動を行っている。それぞれのイメージカラーは青、赤、緑、黄、紫である。このように、メンバーがそれぞれ異なる役割を担当することで、グループ内のバランスを保つだけでなく、メンバーそれぞれの人気度のバランスを安定させている。メンバー個人のイメージカラーを設定することで、グループ内のさらに個人にまで細分化した分担が可能となり、ファンはそれぞれをイメージし易くなる。また、嵐は五大ドーム（札幌ドーム、東京ドーム、ナゴヤドーム、京セラドーム大阪、福岡ヤフオク!ドーム）コンサートツアーを行う際[13]、一つの会場に付き、一つのイメージカラーの『会場限定アイテム』を販売している。ファンは自担のイメージカラーの限定アイテムを購入したがる傾向があり、また、五色を揃いたがるため、五つの会場限定アイテムを購入するファンもいる。嵐以外のグループもメンバーのイメージカラーがあり、カラー別のコンサートグッズを販売することがある。カラー別のファングッズなどの展開によって、大きく売り上げを伸ばすことができる。

ジャニーズ事務所では所属しているアイドルを厳格な管理制度のもとにおいている。それによって、タレントはファンに対して良好なイメージを樹立でき、魅力をキープすることができる。そして事務所は利潤を最大限度に獲得できる。その制度は感情管理、事業管理、日常行為管理に分けられている。

ジャニーズ事務所は所属するタレントの恋愛、婚姻に対して特に厳しく管理している。二〇一九年現在では、ジャニーズの中で、結婚している人は五％にも満たない。

また、ジャニーズ事務所は所属するタレントが過度に他の事業を行うことを禁じている。例えば、事務所の許可もなく知人のバーでＤＪを務めるなど事務所のルールに違反したことで事務所を解雇された例がある。

更に、ジャニーズ事務所はジャニーズというブランドのイメージを損なう行為を禁じている。例えば未成年者の飲酒や喫煙、スキャンダルなどである。違反したジャニーズが事務所から芸能活動の無期限停止を命じられた例もある。

恋愛に賞味期限があると言われるが、ファンがアイドルに対する気持ちも同じだと思う。何年も同じアイドルを応援し続けるのは、何度も惚れ直すことであろう。事務所が厳しく管理することによって、ファンを安心させることができ、ジャニーズ全体のイメージダウンを防ぎ、会社に長期的安定をもたらすことができる。

ジャニーズの運営実態

独自の運営モデル

ジャニーズ事務所は独自の運営モデルを作り上げた。筆者はそのモデルを「一校四部」と名付けた。

「一校」とは前述したJr.のレッスンである。ジャニーズ事務所はJr.に対して無料で全面的な研修を提供している。Jr.は八歳から二十代までと年齢層は幅広いが、レッスンでダンスや歌を習うことで、「学校」の「校」と名付けた。

「四部」は出版部、テレビ部、レコード部、ファンクラブに分けられている。「出版部」は「アイドル五誌」と言われる『ＷｉＮＫ Ｕｐ』[14]『ＰＯＴＡＴＯ』[15]『ＤＵｅＴ』[16]『ポポロ』[17]『Ｍｙｏｊｏ』[18]であり、どれもジャニーズの記事が大半となっている。

ジャニーズ事務所はジャニーズのテレビ出演を重視しており、「テレビ部」はジャニーズの知名度をあげるのに大いに貢献した。歌番組だけでなく、バラエティーやテレビドラマ、情報番組などに出演している。

「レコード部」はジャニーズ事務所傘下のレコード制作会社であり、その中で、ジャニーズの直轄するレコード会社は、ジャニーズ・エンタテイメント、ジェイ・ストームである。

「ファンクラブ」はジャニーズ事務所傘下のＪｏｈｎｎｙ'ｓ　ＦＡＭＩＬＹ　ＣＬＵＢが専門的に設立したＦＡＮ　ＣＬＵＢ運営会社として、主にジャニーズの近況を発信している。ジャニーズがファンクラブ以外のインターネットプラットフォームで自分の近況を発表することは禁じられているため、ファンは好きなタレントに関する情報をいち早く正確に得たければ、クラブに入会しなければならない。ＴＯＫＩＯのメンバーである国分太一【こくぶん・たいち】や、Ｖ６のメンバーである岡田准一【おかだ・じゅんいち】が結婚する際、最初に発表した形は、ファンクラブ会員宛ての郵便物である。嵐が活動休止を最初に発表した形も、ファンクラブ会員限定の動画である。グループに関する重大な情報はメディアにより、先にファンクラブ会員に知らせる傾向がある。

「一校四部」の実施により、ジャニーズ事務所の独特な運営モデルは形成されてきた。この独自の運営管理は、ジャニーズ事務所の経営利益を最大化にしている。

効果的な宣伝

「一校四部」の運営によって、ジャニーズ事務所は非常に効果的な宣伝を実現した。ジャニーズ事務所のJr.はデビューの前に、テレビ番組や映画、ドラマに出演できる。このように長期的に、多様な分野で行った宣伝により、Jr.のデビュー直後の人気と知名度はある程度保証され、Jr.がエンターテイメントの世界で長期的に活動することを保証している。

ジャニーズが出演する映画、ドラマは、主題曲の大部分が所属するグループの新曲となっており、映画の上映およびドラマの放送と合わせて、グループは新曲もアピールできる。社会心理学者であるロバート・ザイアンスの単純《たんじゅん》接触《せっしょく》効果《こうか》(19)によると、繰り返し接すると好意度や印象が高まる。新曲は同時期にテレビ番組、ラジオ番組、雑誌、及びファンクラブと様々な形で宣伝を行うと、新曲に対する好感度が高まり、ヒットにつながるかもしれない。二〇〇五年に山下智久【やました・ともひさ】と亀梨和也【かめなし・かずや】が主演するテレビドラマ『野ブタ。をプロデュース』の中で、二人がユニットを組んで歌った主題曲の『青春アミーゴ』は、このドラマにおいて極めて高い視聴率と人気度をもたらした。更に『青春アミーゴ』は売り上げ一〇〇万枚とその年の年間販売量トップとなった。山下智久は当時すでにＮＥＷＳのメンバーとしてＣＤデビューしていたが、亀梨和也はまだＫＡＴ－ＴＵＮとしてＣＤデビューする前のJr.だった。ＫＡＴ－ＴＵＮは二〇〇一年からＣＤデビューする二〇〇六年まで五年間、先輩のＫｉｎＫｉ　Ｋｉｄｓのコンサートやテレビ音楽番組のバックを務めており、人気と認知度はあった。

ジャニーズ事務所の効果的な宣伝はタレントの人気を増加させるだけではなく、事務所にも巨大な収益をもたらしている。

韓流アイドルとジャニーズの違い

韓流エンターテインメント界は一九八〇年代後半、日本の「Ｊ－ＰＯＰ」という言葉の影響を受け、韓国のポピュラー音楽を指して「K－POP」という言葉が使われるようになった[20]。イ・スマンが一九九五年SMエンターテインメントを設立し[21]、イ・ホヨンが一九九一年にDSPメディアを設立し[22]、韓国でも「アイドル」という言葉が一九九〇年前後に定着した。イ・スマンはジャニーズ事務所の影響を受け、練習生制度を導入し、韓国エンターテインメント界の発展に大きく貢献した[23][24]。

筆者が考える韓流アイドルとジャニーズの違いは主に二つある。

まずは完成度である。韓流アイドルは練習生時代、自身のSNSで発信することにより、認知度はあるものの、先輩のコンサートでバックを務めることやドラマ出演などが少ない。過酷なレッスンを経てデビューできるのは優秀でレッスン時代に既に完成されたアイドルである。デビュー後の韓流アイドルは完璧な歌、ダンスが求められ、観衆の目の前で披露するパフォーマンスの完成度が高い。一方、Jr.はデビューする前のレッスン時代中に、テレビやコンサートに出て、観衆の目の前で「半人前」から「一人前」に成長していく。稲増龍夫（一九八九）によると、「日本では良くも悪くても『未完成』な部分が魅力と見なされる。発展途中だからこそファンは思い入れを持てる[25]。」しかし、中国も韓国もアイドル選抜番組があり[26]、視聴者の投票により、上位の練習生たちがデビューのチャンスを掴む[27]。選抜番組の放送はまさに視聴者にその「未完成さ」と「成長ぶり」を見せる。選抜番組の人気から言うと、「未完成」に魅力を感じるのは日本人だけではないと思う。

次は神秘性である。上述した通り、ジャニーズがファンクラブ以外のインターネットプラットフォームで自分の近況を発表することは禁じられている。一方、韓流アイドルは、ＳＮＳでプライベートの写真をアップしたり近況を報告したりする。稲増龍夫（二〇一四）によると、「アイドルが素顔を見せてしまうと、アイドルとしての『神秘性』を欠くことになる。[28]」ジャニーズには、韓流アイドルにはない、ファンが求めたくなる身近に感じることができない「神秘性」があるのだ。二〇一九年三月二日放送のフジテレビ系ＫｉｎＫｉ　Ｋｉｄｓの番組「ＫｉｎＫｉ　Ｋｉｄｓのブンブブーン」にゲスト出演する元サッカー選手の丸山桂里奈【まるやま・かりな】が「ＫｉｎＫｉ　Ｋｉｄｓの方は本当にいるんだ。実在するもんなんだ。」と発言したのが実に興味深い。アイドルは漢字で書くと「偶像」、その文字通り、「本当に存在している人でしょうか」と思わせるアイドルは真のアイドルではないかと考える。

三　中国における日本アイドル文化の影響

中国におけるジャニーズの影響力

前述の通り、ジャニーズがファンクラブ以外のインターネットプラットフォームで自分の近況を発表することは禁じられている。ジャニーズは公式のＴｗｉｔｔｅｒ、Ｆａｃｅｂｏｏｋなど、ＳＮＳのアカウントを設けていない。プライベートのアカウントは設けても公開してはいけない。[29]しかし、二〇一八年、二人のジャニーズが中国のＳＮＳであるウェイボーのアカウントを設けた。

二〇一八年六月二〇日、NEWSを脱退し、ソロ活動を行っている山下智久が中国で上映する映画の宣伝のためにウェイボーのアカウントを設けた。[30]ついにジャニーズがその独特の「神秘性」を失うのではないかとジャニーズファンの間で話題になった。[31]アカウントに事務所スタッフが更新した内容と、本人が更新した内容どちらも確認できる。投稿の内容は映画の告知、山下智久と共演者達の写真など仕事に関する内容や写真、山下智久自身のプライベートに関する内容もある。二〇一九年十月二〇日時点で投稿は八一件で、中国語で書かれたのは二五件、英語で書かれたのは二四件、中英両言語で書かれたのは三二件である。二〇一九年十月二〇日現在フォロワー数は一七二万人に達した。

二〇一八年一二月二二日、SMAPが解散後、ソロ活動を行っている木村拓哉【きむら・たくや】が上海の某時計ブランドのイメージキャラクターに就任し、そのブランドの発表会に出席した後にウェイボーのアカウントを設けた。最初の投稿に五万件以上のリツイート、三万件以上のコメント、一八万件の「いいね」がつけられた。その後、ほぼ毎日中国語で投稿があり、二〇一九年十月二〇日時点で投稿は三二九件となった。内容はほとんどが木村拓哉のプライベート生活とその写真である。二〇一九年十月二〇日現在フォロワー数は一七四万人に達した。[32]

筆者がまとめたジャニーズの運営モデル「四部」は事務所に巨大な収益をもたらしているが、中国への影響力は極めて低い。中国で出版部とレコード部の商品を扱っている店舗は数店舗しかなく、雑誌やCDは中国人ファンにとって、入手困難な品物である。ほんの一部のテレビ番組やドラマは中国のテレビチャンネルやインターネット視聴サイトと契約を結んだ番組しか視聴できない。ファンクラブは以前「海外会員」の枠があったが、現在は日本在住の者しか入会できない。この度、二人のジャニーズがウェイボーのアカウントを設けたことによって、中国では機能していない「四部」に代わるマーケティング手段だと考えられる。この二人は中国で元々知名度と人気があったため、ウェイボーのフォロワー数は百万人以上となった。今年に入って、山下智久は中国の某ショッピングサイトのイメージキャラクターに就任したり、木村拓哉は某服ブランドのCMの中で中国人の女性タレントと共演したり、以前よりも中国における影響力が増した。

中国アイドル産業の現状

ここではいままで中国におけるエンターテインメント運営方法及びその弊害をアイドル、収益から分析してみる。

まず、アイドルについては、中国のエンターテインメント会社は日本や韓国のような厳しい選抜と育成制度を実施していない。中国エンターテインメント界のアイドルは一般的に三つのルートで選抜が行われている。一つ目は芸能学校、二つ目はアイドル選抜のテレビ番組、三つ目はスカウトである。ほとんどのアイドルが一つ目と二つ目の方法で選抜されている。しかしその実情は少し複雑だ。芸能学校の学生の多くは、実力よりもコネクションや人脈を通してエンターテインメント界に入る。アイドル選抜の番組も演出上、偽られている部分が多々あり、選抜されたアイドルが本物の実力を持っているとは限らない。エンターテインメント会社はアイドル選抜のハードルは低く、ほとんどのアイドルが「(虚有其表)外見は素敵であるが、能力はない人」だ。会社はアイドルに対してきちんとした育成プログラムを用意していないため、アイドル自身の特色がなく、発展する方向を見つけられず、能力も鍛えられず、なかなか進歩できない。そのため、一時的にファンがつくものの、すぐ飽きてしまい、ファンはまた別のアイドルに興味が沸く。それゆえ、中国のアイドルはタレント生命が短い。

次に、収益について、中国エンターテインメント会社は主に広告業者からの援助、有線テレビの視聴率、ウェイボーの人気話題という三つの方式で収益を獲得する。広告業者は、アイドルが出演する番組に広告を投入し、エンターテインメント会社はその中から大量の利益を獲得している。

視聴率については、エンターテインメント企業が運営する有線テレビでバラエティー番組とアイドル選抜番組を放送し、視聴率を高め、会社の収益を増やしている。しかし、バラエティー番組はクリエイティビティを重視せず、アイドルの私生活など、パフォーマンス能力以外のことを売りに視聴率を集め、視聴者から大量に収益をあげている。テレビ局にとって、番組を作る目的は視聴者に「見せるもの」を作るよりも視聴者からもの(お金)を取ることだ。アイドル選抜番組は元々、一般人にアイドルになるという夢を実現できるチャンスを与えるものであったが、近年のアイドル選抜番組のクオリティは著しく低下し、出場者の才能ではなく、その容姿のみに注目しすぎた結果、アイドルのクオリティがますます低下している。デビューしたアイドルの数は膨大で、供給過剰の厳しい局面に至っている。そして、番組側が視聴効果を高めるため、観衆からの同情を買うために、幾度なく出場者たちの悲惨な人生を捏造した。ネット社会の現在ではこのような捏造が通用せず、真相が分かった時点で視聴者を失望させてしまう。

最後はウェイボーでの収益についてである。近年で流行っているウェイボーは一つの言論自由の交流プラットフォームになっている。ウェイボーはファンとアイドルが交流できる場所を提供している。ウェイボーのメリットはアイドルを雲の上の存在で及ばない形象から解放させ、より親近感を与えていることだ。一方、エンターテインメント会社はこれを利用し、アイドルのイメージにタグを付け、ホットな話題を捏造し、大衆の世論で利益を図っている。ウェイボー登録は匿名で、アイドルは悪意を持つ人から言語暴力をされ、巨大な心理的プレッシャーを受け、鬱や自殺に至ったケースもある[33]。そのため、悪意の言葉を制限する交流環境は非常に重要なことであり、ウェイボーは登録の条件を厳しくし、小さいことから徐々に良い環境を作っていくことを望まれている。

この三つの収益方式には、一つの共通の問題がある。即ち、急激に高収益を獲得できる一方、ブームがなくなるのも早い。常に新しく刺激的な話題が必要だから、捏造などが生じる悪循環となった。

中国アイドル産業の変化

峰峻文化会社の誕生

二〇〇七年、当時大学一年生であった黄锐【こう・えつ】は企画書投稿サイトに「中国ジャニーズ少年帝国」という企画書を投稿した[34]。企画書は数十ページにわたり、ジャニーズの運営と自分の理想の「中国のジャニーズ」について詳しく述べている[35]。

黄鋭は企画書要旨[36]で、中国のアイドル選抜番組の弊害について分析した。黄鋭によると、アイドルの黄金期は二〇歳から二七歳までだが、中国は法律の規定により、一八歳以下がアイドル選抜番組に出演できない。選抜番組に出演している短い期間が彼らにとっての訓練期間だが、基礎がきちんとできていないためデビューしても二、三年しか活躍できない。ジャニーズ事務所の場合は、一一歳から一五歳までの少年がきちんとした芸能レッスンを受け、頻繁にテレビに出演し、一八歳から二〇歳までの間にデビューする。デビュー後も、芸と人気があって、芸能生活に慣れることができ、エンターテインメント界で生き残ることができる、と述べている。

この投稿から二年後、北京の投資家の李飛【り・ひ】がこの企画書を閲覧し、黄鋭に連絡をし、資金を提供した。二〇〇九年、黄鋭は李飛の出資で峰峻文化会社を創立し、中国版ジャニーズを作ることを目指した[37]。

第一号―ＴＦＢＯＹＳ

二〇一三年八月六日、峰峻文化会社が男性三人グループＴＦＢＯＹＳ【ティーエフボーイズ】を打ち出した。ＴＦＢＯＹＳは「Ｔｈｅ　Ｆｉｇｈｔｉｎｇ　Ｂｏｙｓ」の略称である。事務所がオーディションで何千人もの中から選んだ数人に、四年かけて本格的な音楽指導やダンスの訓練をし、更にその中から三人を選抜して、平均年齢一三・五歳の中国史上最年少アイドルグループ「TFBOYS」を結成させた。このグループは中国国内で空前の大ヒットを実現した。デビューしてからわずか八ヶ月で、「(音悦V榜年度盛典内地最受欢迎人气歌手) 中国大陸で最も人気がある歌手奨」を獲得した。メンバーの王俊凱【おう・しゅんがい】が二〇一四年九月二一日にウェイボーに書き込んだある投稿が、二〇一五年六月一九日にはリツイート数が四千万回を上回り、ギネス記録に認定された[38]。そしてTFBOYSは二〇一六年、二〇一七年、二〇一八年、二〇一九年と四年連続で「中国中央電視台春節聯歓晩会」[39]に出演する国民的アイドルグループにまで成長した。

TFBOYSが大人気になったのはプロデューサーの黄鋭の行ったマーケティングと密接に関係している。ジャニーズ事務所に似た練習生プログラムを採用し、書類選考、面接によって選抜された男子に対して無料の研修を実施し、定期的に番組出演とオーディションを開催し、練習生達がデビューの前にダンス、歌、外国語を習得させる。練習生期間中、黄鋭はファンの「未完成」を応援する心理を利用し、不定期に公式ルートで練習生達のビデオ及び会社が制作した番組を発表し、彼らがデビューするまでに、一定の人気と知名度を集めている。TFBOYSの三人はデビューする前からウェイボーのフォロワーが数十万人いた。二〇一九年十月二〇日現在メンバーの王俊凱のフォロワーは七四八三万人[40]、王源【おう・げん】のフォロワーは七五三五万人[41]、易烊千玺【い・ようせん】は七八五四万人と、メンバー三人ともフォロワー数が七千万人を超えた[42]。グループが大ヒットした後、TF-FAMILY【ティーエフファミリー】も徐々に目に留まりはじめた。TF-FAM

ＩＬＹとはジャニーズ事務所のJr.にあたるもので、ＴＦ─ＦＡＭＩＬＹに所属する数十人のアイドルの予備軍の男子達は正式にデビューしていないものの、ドラマ・テレビ番組に多く出演している。ジャニーズのグループと同様に、峰峻文化会社はグループの積極的なマーケティングとイメージ作りに成功し、メンバーは仕事と勉強を順調に進み、積極的に慈善事業にも参加して、正しい価値観を伝えている。

会社はジャニーズファンクラブを参考に、主要なソーシャルコミュニティサイトでファンクラブを作り、会員制を導入している。会員レベルの違いによって、会社は不定期に会員に無料の入場券などのサービスを提供している。会社はファンクラブを多くのソーシャルコミュニティサイトと巧みに結びつけ、ファンの人数を増やしながら、会社により多くの収益ももたらしている。アイドルの管理制度において、峰峻文化会社はジャニーズのような厳しい著作権制度を導入せず、タレントの写真撮影、サイン、その他のソーシャルコミュニティでの露出を許可しており、ＴＦＢＯＹＳグループ中の各メンバーはウェイボーで自分のアカウントを持ち、自身のプライベートと各メンバー間との交流を大衆の前で公表している。これはアイドルとファンとの間における交流のチャンスを増やしただけではなく、アイドルとファンとの間の繋がりも固めた。峰峻文化会社はジャニーズ事務所の中国における発展版と呼べそうである。ＴＦＢＯＹＳの爆発的な人気ぶりと優れた成績は、ジャニーズ事務所の運営モデルが中国のエンターテインメント界でも通用することを証明した。

中国エンターテインメント界を見ると、多くの問題が存在している。その主な問題は、会社がアイドルに対する育成と管理を見落としていることだ。ジャニーズ事務所が長く繁栄できた、その最も重要なポイントは、所属するアイドルへの育成と管理を重視し、アイドルへの投資を惜しまなかったことであろう。峰峻文化会社はアイドル育成のために初期投資をしたからこそ、ＴＦＢＯＹＳの大成功が実現した。そしてＴＦＢＯＹＳの成功により獲得した資金はＴＦ─ＦＡＭＩＬＹの今後の育成につながる。中国のアイドル産業発展のために、必ずしも全面的にジャニーズの運営モデルをそのまま模倣する必要はない。峰峻文化会社と同じように、その長所を取り入れながら、中国のメディアの特徴と結びつけ、中国人ファンにあうエンターテインメント体系を創り上げることが重要なのである。

中国のアイドルとジャニーズの違い

ＴＦＢＯＹＳは峰峻文化会社の第一号デビュー組であるため、Jr.みたいに先輩のコンサートで踊ったり、先輩の出演ドラマやテレビ番組に出演したりすることができない。その代わりに、黄鋭は練習生達の練習風景を撮影し、ホームページやウェイボーに練習ビデオを公開した。デビュー前から積極的にウェイボーで発信することは韓流アイドルと似ている。黄鋭はインタビューで「閲覧数とコメントを見て、人気度を判断する。人気のない子には辞めないかと相談する。中国は学歴社会だから、勉強に専念させるのはその子のためだ。ジャニーズJr.みたいにテレビに出演するチャンスがいっぱいあるわけではないので、人気が出ないなら時間を無駄にしてはいけない。」(43)と答えたことがある。

ファンへの対応と管理もジャニーズとは異なる。ジャニーズ事務所はファンに対して会員制を採用し、優れた効果を果たした。峰峻文化会社も同じく会員制を採用したが、あまり良い成果は得られなかった。その原因は中国が非常に膨大な人口を抱えている国だからである。母体数が多ければ多いほど会員制度の管理がしにくくなっていくのだ。峰峻文化会社はジャニーズ事務所の会員制を踏まえ、公式で一つのファンクラブ本部を発足し、省ごとに三四の支部に分けた。各支部は必ず本部から一人のファンの代表を選び、支部のファングループの管理に当たる。毎月必ず本部に支部の状況を報告しなければならない。本部が報告内容に偽りの内容を発見した場合、入会資格を取り消し、再度の入会を認めない。支部の管理者は毎月本部から小額の奨金を与えられ、優れた管理者には無料でアイドルの関連グッズ或いはサイン入りのCDなどの褒章品が与えられる。入会制度はジャニーズ入会制度を取り入れた以外に、入会審査項目を加えた。例えば、入会する際に一〇〇個の質問に答えて、正解率が六〇％以上に達すると入会が可能である。会員は外部に質問の内容を漏らしてはいけないと規定され、一旦漏らしたと判断されたら永遠に入会資格が剝奪される。

このような制度を実施すれば、有効的にファン以外の人を排除し、ファンの管理が容易になり、調和のとれた安定的なエンターテインメント環境を作ることができる。ジャニーズ事務所のファンクラブを参考にしつつ、ファンの数が千万単位で計算されるからこそ、この方法は有効的にファンを管理できたと思う。

おわりに

本稿では、まず、日本のアイドル文化、ジャニーズ事務所の歴史を紹介し、ジャニーズ事務所の運営モデルを分析した。次に、ジャニーズが中国エンターテインメント界に与える影響を概要的に論じ、中国エンターテインメント界の現状を紹介し、峰峻文化会社の運営方法を分析した。そして、峰峻文化会社はジャニーズの運営モデル「一校四部」の「一校」であるJr.育成制度を取り入れ、「四部」を中国式に改善したと評価した。

ジャニーズ事務所の制度は世界的にみて、独自の芸能プロダクション運営方法であり、新しい構想を開いた。ジャニーズ事務所はアイドル、運営モデルおよびジャニーズファンを巧みに利用して、事務所に巨大な利益をもたらした。ジャニーズ事務所は創立時から今日まで常にジャニーズ独自の経営パターンを模索したことで、日本エンターテインメント界に地位を築くことができた。その成功の証に、東アジア諸国のファンはジャニーズ事務所をはじめ、日本のアイドルを愛してやまない。しかし、二〇一六年以降、ＳＭＡＰの解散、事務所の中堅であるＫＡＴ－ＴＵＮや関ジャニ∞のメンバー脱退、ジャニー喜多川氏の逝去、二〇二〇年嵐の活動休止は事務所の発展に大きなダメージを与えたと言えよう。今後のジャニーズ事務所の動向、ジャニーズファンとして見守りたい。

中国のエンターテインメントは発展途上であり、これまでに「ジャニーズ風アイドルを作る」と旗を掲げた会社もあったが、いずれも成功に至らなかった。峰峻文化会社は「ジャニーズ運営モデル」を取り入れた第一号のTFBOYSが大人気となったが、他のグループの流行がなく、まだ成功していると断言することはできない。五〇年以上歴史のあるジャニーズ事務所と比べてみればまだ改善すべきところが多々ある。峰峻文化会社は今後どう進化していくか、第二の峰峻文化会社は出てくるのか、ジャニーズ事務所を見本とした中国のアイドル文化がこれからどう変化していくのか、注目したい。二〇一九年七月九日、ジャニーズ事務所の創立者兼社長のジャニー喜多川氏がクモ膜下出血により逝去した。享年八十七歳。本稿ではジャニーズ事務所の歴史および運営に関しても触れた。ジャニー喜多川氏のご冥福をお祈りしたい。

注

（1）日本テレビが二〇〇二年四月一七日から七月三日まで放送したテレビドラマである。
（2）新村出（編）二〇一八　広辞苑第七版　岩波書店。
（3）『NHK紅白歌合戦』は、NHKが一九五一年から放送している男女対抗形式の大型音楽番組。日本の長寿番組の一つ。
（4）参考文献胡彬【こ・ひん】段尚【だん・しょう】（二〇一三）「从〝杰尼斯〟模式看日本娯乐运营体制」より引用。
（5）『ウエスト・サイド物語』は、ロバート・ワイズとジェローム・ロビンス監督の一九六一年のアメリカ映画。

(6) 朝日新聞出版『AERA』一九九七年三月二四日号より引用。
(7) ライブ用語。バックダンサーのことを指す。
(8) ライブ用語。コンサートの序盤、中盤、終盤に行う挨拶のことを指す。
(9) オリコンチャートによる。
(10)『スポーツニッポン』二〇一九年一月一七日の紙面による。
(11)『ピカ☆ンチ　LIFE IS HARDだけどHAPPY』は、二〇〇二年に制作、二〇〇二年一〇月一八日に公開された嵐初主演の日本映画。この映画は同じ団地で育った仲間たちの友情を描いている。
(12) 同時に二つ、または二つ以上のグループや個人を応援するファンのことを指す。
(13) グループの中で一番応援しているメンバーのことを指す。
(14) ワニブックス社発行のアイドル雑誌である。
(15) 学研マーケティング発行のアイドル雑誌である。
(16) ホーム社発行のアイドル雑誌である。
(17) 麻布台出版社発行の芸能雑誌である。
(18) 集英社グループ発行のアイドル雑誌である。
(19) 単純接触効果は繰り返し接すると好意度や印象が高まるという効果である。米国の心理学者ロバート・ザイアンスが論文“Attitudinal effects of mere exposure”(一九六八)にまとめ、知られるようになった。
(20) 崔珊「网络娱乐明星论坛的传播群体研究」吉林大学学内誌「吉林大学誌」二〇〇九年第一号。
(21) イ・スマンは韓国のシンガーソングライター、司会者、エンターテインメントプロデューサー、実業家である。
(22) 韓国のエンターテインメント会社。東方神起、ＢＯＡ、ＳＨＩＮｅｅ、少女時代、スーパージュニアなどが近年のＫ－ＰＯＰブームを象徴するグループが在籍する。
(23) 韓国のエンターテインメント会社。ＫＡＲＡ、ＳＳ５０１、ＲＡＩＮＢＯＷなどが在籍する。
(24) 崔珊「网络娱乐明星论坛的传播群体研究」吉林大学学内誌「吉林大学誌」二〇〇九年第一号。
(25) 稲増龍夫　アイドル工学　筑摩書房、一九八九。
(26)「偶像练习生」、「创造１０１」、「以团为名」、「青春有你」など。
(27)「ｐｒｏｄｕｃｅ１０１」シリーズなど。
(28) 二〇一四年一一月二二日フジテレビ『新・週刊フジテレビ批評』より引用。
(29) ウェイボー（中国語：新浪微博）は新浪会社の運営するミニブログサイトで、Twitter と Facebook の要素を併せ持ち、二〇一二年一二月時点で登録アカウント数が五億を突破し、中国の最大のＳＮＳである。新華ニュース「新浪微博用户数超五亿　去年新浪净营收逾五亿美元」より引用。http://it.21cn.com/mi/a/2013/0220/17/20429725.shtml（二〇一八年一二月二八日閲覧）
(30) https://weibo.com/u/6573404886（二〇一八年一二月三一日閲覧）
(31) 多くの中国人ファンが山下智久のウェイボーの投稿に「本物ですか」「ジャニーズがＳＮＳなんて、長く生きればありえないこともありえるわ」のようなコメントを投稿した。
(32) https://weibo.com/u/6883966016（二〇一八年一二月三一日閲覧）
(33) 二〇一八年五月二〇日、当時二八歳のＡ（女性、北京出身）はウェイボーで「借金に苦しんでおり、もう耐えられない、これから一家心中」と投稿した。これ見た熱心なインターネットユーザーが警察に通報し、警察は身元を確認でき、一時的に家族三人を引き留めた。しかし、ニュースで報道されると、Aさんのウェイボーの投稿に「自演じゃないの」「投稿してみんなから注目されるのを楽しんいる愉快犯だね」など悪意のあるコメントがあった。Aさんはネットからの非難に耐えられず、五月三一日、再び一家心中を図った。Aさんの父親（当時五五歳）とAさんが亡くなり、Aさんの母親（当時五四歳）は手首を切ったがその後警察に発見され、病院に搬送された。遺書があり、はっきりと悪意のあるコメントが原因の一つと書かれていた。出典：https://baijiahao.baidu.com/s?id=1602131561812255536&wfr=spider&for=pc&isFailFlag=1（二〇一九年三月一日閲覧）

(34) 投稿の内容は黄锐のウェイボー https://weibo.com/u/2383396057で閲覧可能である。

(35) 橘子娱乐二〇一四年七月四日黄锐のインタービューより引用。http://m.happyjuzi.com/（二〇一八年一二月一日閲覧）

(36) 黄锐のウェイボーより引用。https://weibo.com/u/2383396057（二〇一八年一二月一日閲覧）

(37) 橘子娱乐二〇一四年七月四日黄锐のインタービューより引用。http://m.happyjuzi.com/（二〇一八年一二月一日閲覧）

(38) このウェイボーのリツイート数は二〇一六年一一月に一億回を突破し、王俊凱は自身のギネス記録を更新した。

(39) 中国中央電視台（ＣＣＴＶ）が毎年春節（旧正月）の前日・除夕の中国標準時二〇時から、旧暦一月一日の春節を跨いで行っている年越しカウントダウンイベント番組である。

(40) https://weibo.com/u/2609400635（二〇一九年一月三一日閲覧）

(41) https://weibo.com/u/2812335943（二〇一九年一月三一日閲覧）

(42) https://weibo.com/u/3623353053（二〇一九年一月三一日閲覧）

(43) 橘子娱乐二〇一四年七月四日黄锐のインタービューより引用。http://m.happyjuzi.com/（二〇一八年一二月一日閲覧）

参考文献

稲増龍夫【いなます・たつお】（一九八九）『アイドル工学』筑摩書房
稲増龍夫【いなます・たつお】（一九九九）「SPEEDにみるアイドル現象の変容」：「異性愛」から「自己愛」へ（『鳴り響く〈性〉：日本のポピュラー音楽とジェンダー』第七章　勁草書房）
新村出【しんむら・いずる】（編）（二〇一八）『広辞苑』（第七版）岩波書店
崔珊【さい・さん】（二〇〇九）「网络娱乐明星论坛的传播群体研究」吉林大学
徳田真帆【とくだ・まほ】（二〇一〇）「ジャニーズファンの思考」（一橋大学機関リポジトリ『くにたち人類学研究』）
小野晃典【おの・あきのり】（二〇一〇）「ホビー市場における消費者行動と社会的相互作用」三田商学研究
田島悠来【たじま・ゆうき】（二〇一三）「雑誌『Myojo』におけるジャニーズイメージの受容」（国際基督教大学ジェンダー研究センター編集委員会編「Gender and Sexuality : Journal of the Center for Gender Studies, ICU」）
李扬眉【り・ようまい】（二〇一三）「国内外艺人经纪业运作模式比较及探讨」媒体时代
胡彬【こ・ひん】段尚【だん・しょう】（二〇一三）「从〝杰尼斯〟模式看日本娱乐运营体制」历史文化学院

＊コラム＊

日本統治時代の建物が意味するものとは

白　真善

ソウルの街を歩いていたらいつもと違う和風の建物がふと目に入ってきた。屋根や窓などが、韓国の家屋とは違うことに気づいた。何となく街を歩いていた時には気づかなかったが、少し気をつけて見てみると、外見は二階建ての普通の古い日本の民家のようにも見える。不思議な感じがしてさっそく中に入ってみた。中には若者が多く、とても賑やかな雰囲気で、確かに日本式家屋ながらコーヒー豆の香ばしい香りが私を出迎えてくれる。綺麗にアレンジされたカフェだが、昔畳部屋や押し入れで使われていたような空間が目立つ。

それが強烈な印象としてずっと頭の中に残り、調べていくうちに、それは韓国では一般的に「日帝强占期」と呼ばれる日本統治時代（一九一〇年〜一九四五年、日本帝国主義による植民統治期間）に建てられたものであることを知った。いわゆる「敵産家屋」と呼ばれる日本式家屋である。

「敵」という漢字から痛々しい歴史が感じられる建物だが、最近はこれらを改造して作り上げたカフェやゲストハウスなどが新たに注目を浴びている。一方で、私の頭の中には日本統治時代の残滓として朝鮮総督府（一九一〇年から一九四五年まで韓国を支配した日本帝国主義の最高植民統治機構）が撤去される映像を生放送で見た記憶がまだ残っている。

これらの内容を踏まえて、朝鮮総督府の撤去から二十四年が経った今、日本統治時代の建物は社会的にどのように位置づけられているのか、また今後の方向性について考えてみるのが本稿の目的である。

敵産家屋とは、一九四五年八月十五日に日本が第二次世界大戦で敗北し、韓半島（いわゆる朝鮮半島）から撤収した後、政府に帰属され、一般人に払い下げられた日本人所有であった住宅を指す。

一九五〇年六月二五日に北朝鮮が三八度線を越えて韓国に侵略を仕掛けてきたことによって勃発した朝鮮戦争のときに消失したところがあれば、その後地域再開発などで取り壊されたところもある中、今でも敵産家屋が多く残っている町は存在している。実際、日本特有の木造住宅や日本近代建築の象徴にもなる西洋式の建物がたくさん残されている。首都であるソウル以外にも郡山【クンサン】・木浦【モクポ】・浦港【ポハン】・釜山【プサン】などの港町にまだ多くの敵産家屋が残っている。また、大田【テジョン】駅、順天【スンチョン】駅、榮州【ヨンジュ】駅などの地方鉄道駅近辺には、当時官舎として使われていた敵産家屋がまだ残っており、場所としては特に港や鉄道駅の周辺が一番多いことがわかる。

敵産家屋は一般的に取り壊されるか、あるいは時の流れとともにそのまま放置されているところもある。老朽化によってこの町から消えていくのが普通であった敵産家屋だが、その中には文化財として登録されたり、カフェやゲストハウスとして営業したりして、新たな空間として生まれ変わったところも少なくない。

その中でも一番有名なのは、二〇〇五年に国家登録文化財第百八十三号に指定された群山新興洞日本式家屋（旧広津家屋）である。旧広津家屋がある新興洞【シンフンドン】周辺は、日本統治時代に群山市内の富裕層が居住していた地域である。旧広津家屋を見ると、当時群山市に多く存在していた日本式家屋の特徴がよくわかる。特に建物の規模が大きく、二階建ての概観を含め、内部、日本庭園など、建築当時の姿が比較的によく保存されており、歴史的な建築史跡として価値があると考えられる。なお、韓国映画の撮影現場として使用され、二〇〇五年国家登録文化財として指定された後、現在は一般の人にも公開している。

日本統治時代に建てられた物の中で、かつて一三九五年創建された朝鮮王朝（一三九二年～一九一〇年）の王宮である景福宮【キョンボックン】敷地内に設置されていた朝鮮総督府は欠かせないものである。朝鮮総督府は、一九一〇年から第二世界大戦が終わる一九四五年まで韓国を統治するための官庁であった。朝鮮総督府は一九八六年から一九九五年までは国立中央博物館として利用されていたが、保存か撤去かの賛否両論がある中、一九九五年八月一五日撤去された。

朝鮮総督府は景福宮の正面に位置していたため、韓国人の立場から考えると、王宮の正面

旧ソウル駅（筆者撮影）　上：遠景　下：近景

に威圧的な物を建てた点、それがまた日本による強制支配と抑圧の象徴であった点から、韓国人にとってはかなりの屈辱であったことは否定できない。また、風水的な観点からみても多くの人が反感を持った。

しかし、朝鮮総督府は取り壊されたものの、同じ西洋化された近代建築物のうち、旧ソウル駅や韓国銀行本館などは、近代建築物として評価が高く、まだ保存されている。一九二五年に竣工された旧ソウル駅は、一九八一年九月二十五日史跡第二百八十四号に指定された。二〇〇四年に、ＫＴＸ（韓国の高速鉄道）の開業に伴い、新ソウル駅が完成し、旧駅舎は駅としてのその役割を終えた。現在は「文化駅ソウル２８４」という名で、歴史などの展示を中心とした各種文化活動が行われ、複合文化スペースとしてその役割を果たしている。

一方で、一九一二年に竣工、一九八一年九月二十五日史跡第二百八十号に指定された韓国銀行本館は朝鮮戦争のときに一部焼失したが、史跡指定をきっかけに本格的に修復され、現在は貨幣博物館に生まれ変わり、一般に開放されている。

韓国銀行本館（筆者撮影）

朝鮮総督府が撤去されてから、日本統治時代に建てられた物においては、撤去の対象としての認識が強かった。実際、地域再開発などで多くの建物が姿を消えた。その中で近来、敵産家屋は有意義な近代文化遺産として注目を浴びており、新たな動きが感じられる。

現在、敵産家屋の一部は国家登録文化財に指定されているが、まだ文化財として指定されていない個人が所有している敵産家屋においては、管理不足や老朽化によって撤去の対象にもなったが、ここ数年このような雰囲気が少しずつ変わってきた。

敵産家屋において、日本独特の昔の風情が若者や観光客を呼び込むようになり、最近では敵産家屋を綺麗に修理し、新しく誕生したカフェやギャラリー、ゲストハウスなどが増えてきた。また、こういった流れに乗って、群山・木浦・浦港などを中心とした地方都市では、敵産家屋が集まっている町を近代文化歴史街として指定した。日本統治時代、その過去の歴史を忘れないようとする歴史教育の現場となった一方で、結果論としては観光資源での活用へと繋がっている。敵産家屋と言えば、痛々しい歴史が頭の中に真っ先に思い浮かぶが、教育現場や観光資源という観点から見ると、敵産家屋についての見方を少し変えた逆発想が目立つ。

また、これらの都市は、いずれもソウルを中心とした首都圏からかけ離れており、首都圏に比べれば人口の少ない地方都市であるが、建築から何十年も経った老朽化した古い敵産家屋が、今は若者や観光客を引き寄せる一つの原動力になったことは広い意味で捉えることができる。

今回は敵産家屋の現状を探り、近代建築物として高く評価されている物について調べ、敵産家屋の保存と地方都市の地域活性化への取り組みについて述べた。

結果的に敵産家屋に代表される日本統治時代の建物を保存することが、歴史教育の生々しい現場となり、それがまた観光資源へ繋がり、ひいては地域観光産業振興の面で大きな役割を果たしていることがわかった。また、高齢化や人口減少などの社会問題によって衰退してきた町を復興させ、より多くの観光客を招き、町に活気を取り戻そうとする町おこしの一環としても良い例になる。

建築は過去の歴史と深く関わっていて、その歴史を世界に向かって問いかける重要な役割を果たしていると考える。韓国の暗い歴史の象徴とも言える敵産家屋だが、過去と未来をつなぐ歴史や文化に関わる存在として、これらの今後の在り方を考える必要があるのではないか。

なお、歴史はこれからの未来に向かって進んでいくための大切な教訓ともなる。これらをもとに、今を生きる私たちは、世代を超えて過去の歴史を今と未来につなげていかなければならない。ただ、そこで一番重要なのは、今までの経験を今後の未来にどう生かしていくのか、またそれは私たちの手にかかっているということである。

第三章　台湾に残る日本の姿――『ＫＡＮＯ』と蔡清輝氏のお話――

小野　純子

はじめに

近年、日本において「台湾」の存在感が増している。メディアに取り上げられる回数が増え、行きたい海外旅行先でもトップに君臨し、また修学旅行先としても注目を浴びている。日本の修学旅行シーズンである一一月、一二月に人気観光地である九份【きゅうふん】に行けば、たくさんの中高生が石階段の下から写真を撮っている光景が見られる。また、台湾かき氷、台湾ドリンク、台湾デザートなど台湾グルメの日本への進出も著しい。日本と台湾の歴史的な関係は深い。日清戦争の結果、一八九五年四月に下関条約[1]が結ばれ、台湾は日本への割譲が取り決められた。そこから太平洋戦争の終戦を迎え、台湾光復となった一九四五年一〇月二五日までの約五〇年間、台湾は日本統治下にあった。日本は台湾統治の当初から同化政策の一つとして日本語の教育を推し進める方針を打ち出していた。そのため戦後七〇年以上が経った現在でも台湾には日本語を流暢に話す「日本語世代」と呼ばれる高齢者がいる。台湾総統であった李登輝【り・とうき】などは台湾人なら誰もが知っている日本語世代の台湾人である。

十数年前、高校生だった筆者は初めて台湾の地を訪れた。台北の有名な観光地である龍山寺【りゅうざんじ】から次の目的地へ向かうため地図を見ていた筆者に声をかけてきたのは一人の高齢の台湾の男性であった。彼は、日本語を流暢に話し、また筆者との日本語での会話を楽しんでいるようであった。実は筆者が台湾に魅了され、研究を始めたきっかけはそのような小さな出来事からである。

さて、本題に入ろう。本稿では、蔡清輝【さい・せいき】氏（以下、蔡氏）という一人の男性のお話をする。なぜ、蔡氏をとりあげるのか。それは一本の映画がきっかけである。読者の皆さんは、台湾映画『ＫＡＮＯ』をご存知だろうか。『ＫＡＮＯ』は二〇一四年、台湾で公開された[2]。映画の詳細は後述するが、ここでは簡単に内容を紹介しておく。映画は、一九三〇年代の台湾中南部の都市である嘉義【かぎ】を舞台に、嘉義農林学校（以降、嘉農）野球部が甲子園に出場し、準優勝をした実話を描いており、野球を通して民族を超えた友情を描き話題となった。『ＫＡＮＯ』が台湾でヒットし、日本でも上映され注目されたことで、嘉義の歴史は再注目されている。蔡氏は、嘉農野球部のＯＢであり、『ＫＡＮＯ』の公開以後、積極的に語り部として活躍している人物である。本書は、「多様な姿・側面を併せ持つ〝日本文化〟像」を提示することを目的としたものであり、筆者は、戦前台湾嘉義で生まれ、九〇歳を超えた現在でも日本語を流暢に話し、語り部として活躍する蔡氏に注目し、蔡氏の人生を通して、『ＫＡＮＯ』のような映画が台湾で製作された意味を考え、そこから派生した影響について述べる。本稿は、蔡氏という一人の人物に着目しており、それが同世代の台湾人の代表ではないことは指摘しておきたいが、『KANO』という一本の映画を通して彼の人生（後述する）がドキュメンタリーとして、残される形になったことは忘れてはいけない。

以上より、本論では、『KANO』と蔡氏を通して浮かぶ日本の姿について、どのような日本が浮かび上がるのか、『KANO』、「嘉義」、「現代」、「語り」をキーワードに議論を進める。[3]

一　「嘉義」と『KANO』そして「嘉農」——つながった交流

戦前の嘉義

嘉義市は、台湾中南部、嘉南大平野に位置する市であり、北回帰線が市内を通過している。かつては、原住民[4]の集落の名所にちなんだ「諸羅《しょら》」や「桃城《とうじょう》」と呼ばれていた。[5]日本統治時代の嘉義市は、南部台湾の中で、高雄【たかお】、台南【たいなん】に次ぐ都市であった。経済上、重要な都市でもあり、農産物が集まり、東にそびえる阿里山【ありさん】で伐採された木材の製材も盛んであった。[6]また、嘉義地方は名勝の多い場所でもあった。『台南新報』[7]（一九二四年一〇月三一日）では、「嘉義地方の名勝」として、新高山【にいたかやま】、阿里山、嘉南大圳[8]【かなんたいしゅう】、呉鳳廟【ごほうびょう】、関子嶺【かんしれい】温泉、嘉義公園、北港朝天宮【ほっこうちょうてんぐう】などを紹介した。[9]これらは、現在も嘉義のみならず台湾を象徴する場所の一つである。

日本統治時代台湾の地方制度は、一八九五年から一九〇一年一一月までの試行錯誤時代、一九〇一年一一月から一九二〇年八月までの庁制時代、一九二〇年九月から一九四五年までの州制および市街庄制時代の三時代に区分される。[10]

一八九五年、台湾総督府によって、台南県庁所轄の下に嘉義支庁が置かれたのが、日本統治時代における嘉義の始まりである。[11] 次いで、支庁から台南県民政支部の出張所を経て、一八九七年、嘉義に県庁が置かれた。

一九〇一年には、再び、地方制度の改正が行われ、台湾は二〇庁となった。嘉義県は廃止され、嘉義庁となった。嘉義庁では、津田毅一【つだ・きいち】が嘉義庁長に任命された。津田は、児玉源太郎【こだま・げんたろう】、後藤新平【ごとう・しんぺい】[12]からの評価が高く、約七年間の在任中、嘉義神社創建や中等学校の設立計画に携わった。そして一九一六年、[13]津田に代わり、相賀照郷【あいが・てるさと】が庁長に任命された。相賀は、在任中に嘉南大圳の建設に尽力し、[14]南部農業を飛躍的に発展させ、後世に影響を与えた一人である。

台湾は、一九〇二年に一二庁に整理されたが、[15]一九二〇年に地方制度の改正が行われ、一二庁から五州二庁へと改められた。［藤井康子（二〇一八）］は、嘉義に関しても取り上げている。[16]そこでは、一九二〇年の地方制度改正によって街の格が下られた嘉義に関して街の有力者らの動向、繁栄策としての中学校の新設計画、そして新設が完結後、地元復興のための街から市への「昇格」が提唱され、一九二〇年代後半、嘉義街から嘉義市へと市制が施行された経緯に関して詳細に綴られている。

表1　嘉義市人口

年別	人口	戸数
1930 年	57,960	12,707
1931 年	59,820	13,018
1932 年	62,963	13,508
1933 年	66,853	13,924
1934 年	70,093	14,344
1935 年	73,180 [17]	15,039

出典：『嘉義市要覧』(1936 年)

その内容について、紹介する。

地方制度が改正され、嘉義は、一二庁制の庁所在地であったが、台南州に組み込まれることになった。それまでは嘉義庁がおかれ、地方の中心であったが、改革によりその位は嘉義郡嘉義街へと引き下げられた。郡、街に降格したことは、嘉義市民にとっては寝耳に水の事態であった[18]。嘉義街の街長には嘉義の有力者であった真木勝太【まき・かつた】が任命された。真木は、一九一〇年代の嘉義神社創建にも関わっていた人物であり、一九三〇年に嘉義市が発足されるまでの一〇年間嘉義街長を務めた。真木の一〇年間の奮闘と努力は、一九三〇年の市制施行の基礎を築き、気運を促進した[19]。

一九三〇年代に入ると嘉義は盛り上がりを見せる。一九三〇年一月より市制が施行され、嘉義街は嘉義市へと昇格した。これにより、与えられる予算も大幅に増え、市内の道路や文化施設が建設された。一九三一年には、甲子園で嘉農が準優勝し、さらに、以前より開発が始まっていた阿里山への登山口という役割から嘉義は観光都市としてもますます繁栄した。一九三五年には、嘉義市役所編『嘉義市制五周年記念誌』が出版されるなど、市制が施行されて以後の嘉義の盛り上がりが分かる。人口も一九三〇年から一九三五年にかけて、徐々に増加した。表1は、『嘉義市要覧』に記載された表を引用したものである[20]。先述のように、一九三〇年代以降は、市制施行により与えられる予算が増え、交通網が発展した。官線、私線、阿里山線の鉄路に加え、自動車交通や、嘉義市を中心にバスも運行され、「目下の嘉義市の交通網は完璧の域に達している。南部の交通はいよいよ繁盛となりつつある」とされた。

嘉義は、市への昇格、甲子園準優勝、阿里山の観光開発、等の出来事に加えて産業の中心かつ、交通、運輸、通信の機関の要所にあたり、人口も増加しますます発展していったことが分かる。

『KANO』と嘉農―映画、そして交流

(1)『KANO』と嘉農

「知っていましたか。かつて甲子園に台湾代表が出場していたことを。」これは、一九三〇年代の甲子園代表をテーマにした台湾映画『KANO』の広告フレーズである。『KANO』は、魏徳聖[21]【ウェイ・ダーション】がプロデューサーとなり、一九三一年、台湾から甲子園大会に出場し、一大旋風を巻き起こした嘉農の活躍を描いた映画である。二〇一四年二月二七日に台湾で公開されると瞬く間にヒットとなった。筆者自身は、三月の初めに台湾人の友人に誘われて台北市内の映画館で鑑賞した。夜遅くの上映にも関わらず、映画館は大盛況であった。上映終了後には、多くの人々が涙を流していた。その後、台湾でさらに二度、同作品を鑑賞したが、いつも満席であったと記憶している。筆者も『KANO』の虜になった一人だ。

台湾での映画評は、「日本と台湾の魅力が詰まった映画であった」「感動した」という意見もある

一方で、「日本時代を美化している」という意見もあるなど様々であるが、世界でも歴史ある映画賞の一つである第五一回金馬奨では、最優秀作品賞、主演男優賞、新人賞、新人監督賞、衣装デザイン賞、オリジナル楽曲賞の主要六部門にノミネートされ、観客賞と国際映画批評家連盟賞を受賞した。Ｙａｈｏｏ台湾版の映画ページには、約五千件のレビューが寄せられ、その評価は四・七（五点満点）と非常に高い(22)。台湾での公開終了後、プロデューサーである魏と馬志翔【マー・ジーシャン】監督は多くの学校から講演会に呼ばれ、そこで「試験などで映画館に行くことができなかった」という学生の声を聞き、その声に応えるように二〇一四年九月より台湾映画としては初めてのアンコール上映が決定された(23)。

映画は、日本統治時代の嘉義そして嘉農を舞台に進められる。一九三一年の甲子園準優勝は台湾野球の最も輝かしい成績である。日本人、漢人、高砂族という三民族混成のチームは珍しく注目を集めた。映画の中では、原住民を「野蛮な」という記者の登場や、監督である近藤兵太郎【こんどう・ひょうたろう】が「高砂族の選手は足が速い。漢人の選手は打撃が強い。日本人の選手は守備に長けている。それぞれの長所を組み合わせれば強力なチームになる。野球に民族などは関係ない」と答える場面などがある。余談ではあるが、一九三一年の当時の『アサヒスポーツ』には「本島、高砂族、邦人の三種族の混合軍といふ異色ある嘉義の登場と気品ある神奈川の試合振りは尊ぶべきものであった(24)。」と記載されており、更に一九三一年の準優勝メンバーで最も長命であった蘇正生【そ・しょうせい】は、後に次のような聞き取り記録を残している。

開幕式に参加したとき、私たちは一番最後に入場した。入ると彼ら（観客）はすぐに大きな声を出していた。私たちは何かとても興味を持った。後でやっと知ったのだが、彼らは嘉義農林の選手をみて、みな個々人背が高く、筋肉があり、また（練習で）皮膚が黒く、台湾からやってきて、さらに台湾人、高砂族及び日本人の三民族の連合軍で、今までになく、日本の野球ファンを新鮮な気持ちにさせ、熱烈な喝采を受けた。

（『嘉義農林人』創刊号より）

三民族混成に関して、映画の中だけではなく、当時の史料やメンバーからも語られている。

このように『ＫＡＮＯ』は野球を通して民族を超えた友情を描いた作品であり、三時間の映画の大部分は日本語で進められる。また日本語や嘉農、統治時代の様子が描かれているだけではなく、嘉南大圳、八田與一【はった・よいち】[25]が日本統治時代に行った水利事業、ダム建設にも触れている。台湾では、戦前の野球についてこの映画を通して周知されるようになり、また日本でも映画を通して初めて台湾の学校が甲子園準優勝をしていたことが周知されただろう。

『ＫＡＮＯ』の制作、上映は、戦前外地の高校野球について知る、またとない貴重な機会でもあった。[26]公開を控えて行われたワールドプレミアには、嘉義市の市民を中心に二〇〇〇名が無料招待された。映画の公開を記念して、嘉義市内のシンボルとなる噴水には呉明捷[27]【ご・めいしょう】の像が建てられ、映画さながらのパレードが行われた。パレードには、約一〇万人が集結し、パニックとなった。[28]台湾全体としてみても『ＫＡＮＯ』は、台湾と日本がその絆を考える一つのきっかけとなり、『ＫＡＮＯ』は野球だけに留まらず、映画を通じて台湾を知るための教材となっている。さて、ここまで『ＫＡＮＯ』に関して述べてきたが、「交流」に関して述べる前に、嘉農にも触れておこう。

嘉農とは、先述したように嘉義農林学校の略称である。現在の国立嘉義大学の前身であり、当時の台湾人にとって中等教育の一つの頂点であり、台湾の産業を支えた絶対的な存在であった。台湾人の実業学校としては、長らく唯一無二の存在であり、限られた中で重要な進路かつ拠点校であった。嘉農は、日本人が台湾人を育て、嘉南大圳と阿里山林場の開発に従事させるための教育の場であり、台湾全土の農業学校の先駆となり、台湾の農業の発展に貢献した。創立から終戦までの在学生の多くは台湾人の学生であり、嘉農が「台湾人のための実業学校」であったことは、当時の在学者数などからも明らかである。嘉農創立の目的は、「皇国精神ヲ涵養《かんよう》徹底セシムルト共ニ農業ニ従事スル者ニ須要《しゅよう》ナル知識技能ヲ授クルニアリ」というものであり、尋常小学校及び公学校を卒業した者もしくはそれと同等以上の学力を有する者が入学の対象となった。嘉農は、農民としての確固たる信念を持ち、農村の中堅人物として開発や振興に携わっていくような人物を育てる場であり、実習指導を中心に、それが生徒教養の主たる目的であった。また、『ＫＡＮＯ』に代表されるように、嘉農は野球で評価されることが多いが、生徒らの勤勉さや農産業に対する実科教育は学校の特色であった。スポーツから学ぶ不断の努力、一致協力を嘉農魂と呼び、一九三一年の甲子園準優勝など、スポーツの面でも活躍した。校地は、嘉義山子頂、現在の嘉義高商の位置にあった。本稿で取り上げる蔡氏は、嘉農第二四期（一九四二年入学、一九四六年卒業）の学生であり、嘉農野球部の

ＯＢであった。戦後、第二四期の学生が卒業し、嘉農は「台湾省立嘉義職業学校」へと名前を改め、幾度かの改称と昇格を繰り返し、現在の国立嘉義大学となった。

先述したように一九九〇年代以降、台湾において聞き取り調査が盛んに行われるようになるが、その中で嘉義では現在の国立嘉義大学がその歴史にいち早く注目し、積極的に卒業生を対象とした聞き取り調査研究に取り組んだ。これらについては、注三で先行研究として整理している。先に示した蘇正生氏への聞き取りはその一環である。また、二〇〇〇年代以降、国立嘉義大学では嘉義地区のみを対象にした研究シンポジウムを年に一度開催し、年二回機関誌も出版している。一九九〇年代後半より、聞き取りを中心に学校の歴史を振り返るものはあったが、『ＫＡＮＯ』を通して嘉義の歴史全体が再注目されている。『ＫＡＮＯ』の公開後、嘉農野球史特別展覧の設置や日台メディアによる嘉義の歴史・野球取材、嘉義大学による研究プログラムの開催、題名に『ＫＡＮＯ』と記載された書籍の出版などが積極的に行われている。(34)『ＫＡＮＯ』では、嘉義農林と嘉南大圳、八田與一を取り扱っている。嘉南大圳や八田與一は以前より評価されているが、『ＫＡＮＯ』でより注目されたと言えるだろう。

(2) 交流のきっかけとなった『KANO』

『ＫＡＮＯ』は、一九三一年嘉農の甲子園での活躍を中心に描いた映画であるが、その年の決勝戦で嘉農を破り、優勝したのは、当時の中京商業（現：中京大学附属中京高校）である。中京商業は

2017年2月20日嘉義市立棒球場にて撮影

一九三一年の優勝から三年連続で優勝をした強豪校である。映画の中で決勝戦の様子が描かれている。一九三一年の決勝戦から八〇年以上が経った二〇一四年に映画が公開されたことによって、嘉農の後身である国立嘉義大学と中京商業の後身である中京大学（正確には、中京高校が後身であるが、嘉義大学側に合わせて大学間で交流をもっている。）は、まずは二〇一五年一二月に学術交流協定を結んだ。映画がきっかけとなり、縁の深い大学同士が学術協定を結ぶまでに至ったのは、珍しいことである。[35] 更に、その交流は学術だけに留まらず、二〇一六年より、日本と台湾、毎年交互に野球の交流試合が行われている。二〇一六年八月には、愛知県名古屋市のパロマ瑞穂球場と豊田市運動公園野球場で、二〇一七年二月には嘉義市立棒球場[36]で、二〇一八年八月には、パロマ瑞穂球場と豊田市運動公園野球場で交流試合が開催された。八〇年以上前の甲子園決勝が縁で、映画『ＫＡＮＯ』のヒットをきっかけに両大学の交流試合は行われるようになった。[37]

以上、一では、戦前の嘉義を振り返り、映画や蔡氏の語りを考えていく前提として嘉義とはどのような街であったのかについて整理した。そして、『ＫＡＮＯ』と嘉農、映画の公開がきっかけとなって、現代に始まった交流に関して述べた。『ＫＡＮＯ』として映画化された一九三一年甲子園の実話は野球好きにとっては有名な話であるが、筆者をはじめ多くの人は映画を通じてこのことを知ったのではないだろうか。映画は台湾でヒット作となり、野球映画としてだけではなく、映画の中で描写された統治時代の台湾の様子、原住民や彼らのセリフが日本語であったことなど、私たちに様々なインパクトを与えたことは間違いないだろう。

二　蔡清輝氏の人生

蔡氏と筆者の出会い

筆者と蔡氏は二〇一五年四月、国立嘉義大学で実施された歴史記憶「二〇一五棒球口述歴史研習営」[38]（台湾・国立嘉義大学）の場で出会った。「二〇一五棒球口述歴史研習営」は、映画『ＫＡＮＯ』の歴史を振り返り、聞き取り調査の理論を学ぶためのプログラムである。語り部の代表として蔡氏（と陳裕雄【ちん・ゆうお】氏[39]）が参加した。そこでは、『ＫＡＮＯ』や実際のＫＡＮＯチームについての話だけではなく、蔡氏の学生時代の経験に関しての語りも多くあった。筆者は、唯一の日本人参加者であり、その縁から、現在でも親交があり、台湾滞在中は蔡氏のもとへ何度も足を運んだ。

2015年4月24日　国立嘉義大学にて、蔡氏（上段中央）、陳氏（上段左）、筆者（上段右）

ここでは具体的な内容には言及しないが、筆者がこれまで蔡氏に協力していただいた聞き取り調査の結果は、小野純子「嘉義農林学校学生の戦争体験」（名古屋市立大学大学院人間文化研究科『人間文化研究』vol. 28、二〇一七）としてまとめているため、そちらを参照されたい。

蔡氏の人生を遡る

蔡氏は、一九二八[40]（昭和三）年五月、現在の台湾嘉義県新港【しんこう】で生まれた。父、母、姉、兄そして妹がいる。家業で多忙な父と喘息の病を抱えた母のため、いつも兄と農業などを手伝っていたそうだ。その兄も戦争末期の台南専修工業学校在学時に徴兵された。

蔡氏は、新巷公学校に入学した。公学校時代の記憶は「先生」の存在が大きく、「非常に愛のこもった先生ばかりだった。」「宿舎で夜遅くまで補習をしてくれ勉強を教えてくれた。」「家族を持っている先生が非常にかわいがってくれた。毎日受験生五～六名を宿舎によんで、補習をしてくれた」と語っている。また、久保【くぼ】先生、大工園【だいくぞの】[41]先生など当時の「先生」の名前も記憶していた。国民学校（公学校は、一九四一年に国民学校に改称）を卒業後、医者になりたいという思いから、嘉中校を受験するも不合格となった。その翌年、嘉農第二四期生として嘉農に入学した。公学校時代に日本から来た先生から教えてもらった野球をやりたかったこと、水利組合や製糖会社などへの就職に有利であったことから嘉農の受験を決めた。嘉農に入学したものの、蔡氏が入学したのは一九四二年であり、学生時代の思い出は、厳しい実習と毎日の苦しい軍事教練である。特に、山奥で行った農業実習がつらかったと語っている。さらに、戦時下行われていた軍事教練は、現役の配属将校の指導の下、集合、整列だけでなく、銃を持った本格的な訓練、演習も行われたようだ。一九四五年三月二〇日、四年生

2016年４月３日　蔡氏自宅にて、蔡氏（中央）と奥様（左）と筆者（右）

になると同時に蔡氏ら第二四期の学生らは突然、日本軍に学生兵として動員された。

嘉農の四年生らは学年全員で特設警備第五一一大隊を編成し、陣地構築を中心に約半年間、嘉義・中埔にて軍隊生活を送った。余談ではあるが、これは、嘉農が特別だったわけではなく、一九四五年三月二〇日台湾全島の中等学校以上（大学、高校、高専、師範学校、中学校高学年）の男子は一斉に召集を受け、学年または学校単位で特設警備部隊を編成した。それは、台北では、台北高校、台北一中、台北三中が特設警備第五〇五大隊を、台南では、台南高等工業学校、台南師範学校、台南一中、台南二中、台南第一青年学校、台南農業学校、台南工業学校などが特設警備第五〇八大隊を編成し、嘉義では、蔡氏らも所属していた特設警備第五一一大隊を嘉農と嘉中が合同で編成していた。[42]このように、蔡氏のような存在は台湾全島で見ても、珍しくはなかった。

では、本題に戻ると、筆者は、動員当時の話を中心に蔡氏への聞き取り調査を実施している。その中で、蔡氏は「僕らは学生だし、友達と一緒だから遠足だと思っていたら、兵隊へ、学徒兵へ。みんな特攻隊。」「対戦車訓練をした。爆弾をもって戦車にぶつかる。」と語っている。しかし、同時に「日本が統治しなかったら今の台湾はどうなっているのか。日本が来なかったら未開の地だった。生活がアップし、みんなが教育を受けられる。不幸なことに戦争でぺちゃんこになったが、基礎があって戦後の動乱から盛り返した。」「学徒兵を経験し、戦争は絶対にいけないことだと学べた。家庭を犠牲にして、戦争が意味のないことであると身をもって実感できた。」とも振り返った。終戦後、九月には召集解除となり、四年制の嘉農を卒業した。その後、台湾省立嘉義農業職業学校

（嘉農が戦後改称）の高級部へ入学し、翌年二二八事件を経験した。二二八事件において、嘉義は、最も暴動が惨烈であった地域の一つである。嘉義では、嘉義防衛司令部が設立され、そこへの多くの元台湾人日本兵が動員された。また、学生部隊も編成され、戦争末期に台湾軍として日本政府に動員された学生らの多くがそこへ参加した。嘉義は既存の二二八事件に関する研究で、度々取り上げられている。蔡氏によれば、三月二日、嘉農野球チームは、送別試合を開催しており、試合帰りでユニフォームにバッドを持って嘉義中央噴水市内を歩いていたところ、暴動の中心であると誤解されて嘉農廃校の噂まで飛び交ったそうだ。[43]

蔡氏は、高級部卒業後、台湾糖業公司に就職した。戦後の混乱の中で、正社員になるのは難しかったそうだ。蔡氏によれば、台湾糖業公司には嘉農の卒業生が多く勤めており、先輩、後輩の関係は良好であった。その中で、蔡氏は再度、軍隊に動員されたという。詳しい調査は進められていないが、本人によれば朝鮮戦争へ出兵するために徴兵されたそうだ。その時のことを、「日本の為に兵隊にも取られた、台湾の為に兵隊に取られた、何も愚痴もない、お国の為、防衛のため。僕らは、除隊と共に台湾糖業公司に戻った。」と語った。台湾糖業公司に戻った後は、定年まで各地の製糖工場を渡り歩いた。

定年後、台湾糖業公司のＯＢから少年野球の世話を頼まれ、野球チームに顔を出すようになった。野球に関わる中で、コーチの依頼が来ることもあった。野球との関りをもつのと同時に、昔の思い出などを文章として残すために日本語や中国語で執筆し、嘉義大学の雑誌に寄稿した。「僕たちができること、僕たちにできる日本との交流、これは野球しかない。昔の野球を復活させ、日本との交流を強めましょう、それが唯一できる僕の仕事、僕たちの経験を話すこと、交流を深める、」の言葉の通り、蔡氏は積極的に自らの経験を文章に残している。そして、映画『ＫＡＮＯ』が公開され、ブームとなったのだ。

蔡氏は、一八歳までを日本人として過ごしてきた。現在でも流暢に日本語を話し、筆者との会話もほぼすべて日本語である、蔡氏の語る人生は、「日本時代、学校、学生生活、学生動員、製糖会社で勤務した経験」である。思い出を振り返るために、退職後は日本と台湾の交流に寄与している。蔡清輝氏の人生での一番の思い出は日本時代であり、日本精神である。

三　語り部蔡清輝氏――語りの変化のきかっけとなった『ＫＡＮＯ』

蔡氏は、台湾糖業公司を退職後、校友会誌等で積極的に嘉農についての寄稿をしている。また、蔡氏が中心となり、第二四期卒業生自費出版（非売品）の『私たちは嘉農第二十四回卒業生　私たちの奮闘物語シリーズ』が三冊書かれている。ここでは、蔡氏の語りの変化に注目したい。蔡氏の語りは、映画『ＫＡＮＯ』の公開前後で変化している。まずは、退職後、二〇〇〇年初めに蔡氏が執筆した二つの文章の目次を次に示す。

◇『私たちは嘉農第二十四回卒業生　私たちの奮闘物語シリーズ』

シリーズ一（二〇〇〇年）

「厳しい時代に生き延びた五十五年　スリルに満ちた私のチャレンジ物語」

終戦と私の夢

動乱と二・二八事件

家業の没落と卒業

台湾糖業にかけた私の半生

母校と専科や幹部で苦労した四か年

戦争と運命

私の妻

定年後の私の生活

◇『嘉農人』（二〇〇一年）

「嘉農人・嘉農魂・嘉農情」

一、**はじめに**

二、**母校の伝統規則の下、苦労した新入生時代**

（一）**母校のエスニックグループに対する一視同仁、備わっている素晴らしい伝統**

（二）母校の先輩、後輩、手を取り合う素晴らしい伝統
（三）母校と嘉義市民の意気投合、親密な素晴らしい伝統
三、苦労が終わり楽しい生活、面白い現実生活、実力を発揮する2年生
四、アメリカによる爆撃、地獄の中の3年生
（一）大きく変化した戦局、日本軍の敗退
（二）大空襲下の学生生活
五、台湾での学生兵、台湾の幸運に感謝、平和の降臨、世界時局の変化、日本時代末期の四年生
（一）少年学生兵、台湾での任務
（二）戦争終結、平和降臨、学生兵解除、学校へ戻る
（三）空気の政権、台湾人の自主意識台頭
（四）異常な歓迎祖国復帰、冷たい視線
六、母校の学生が巻き込まれた二二八事件、血と涙の非情な境遇
（一）終戦後台湾社会の変化
（二）嘉義地区の二二八事件
（三）母校が巻き込まれた事件
七、最初の高農卒業生、静かに出向
八、結論

二つの文章の章立てから、学生時代の話、戦争の話、そして卒業後の話が中心であることがわかる。『私たちは嘉農第二十四回卒業生　私たちの奮闘物語シリーズ』は、蔡氏が中心となって編纂した有志の書であり、戦後嘉農を卒業し、台湾糖業公司に勤めていた時の話が中心である。『嘉農人』は、嘉義大学校友会によって編纂されており、内容のほとんどは、嘉農での学生生活、そして戦争、学生動員に関するものであった。初期の蔡氏の語りに嘉農野球部の話が登場しないわけではない。例えば、『私たちは嘉農第二十四回卒業生　私たちの奮闘物語シリーズ』第二弾『嘉農懐情』（二〇〇一年）では。「忘れられない人　私の永遠の名監督―陳耕元先生」という文章を執筆している。陳耕元【ちん・こうげん】とは、台湾原住民の出身で、日本名を上松耕一【あげまつ・こういち】といい、一九三一年の甲子園準優勝メンバーの一人である。陳耕元氏と蔡氏の出会いは、戦後に間もない頃、陳耕元氏が校長の命を受け嘉農野球部の監督として迎えられた時のことである[44]。蔡氏の学生時代の野球部の思い出は、戦後の高級部在学中の陳耕元氏との記憶のようである。では、映画公開以後に出版された本の内容を参照する。

『永遠的嘉義農林／嘉義大学　KANO棒（野）球魂）』（二〇一四年）
「時空を超越した私の嘉農精神体験記」

第一章：はじめに

第二章：「KANO」という字義の解釈

第三章：私の生い立ちと嘉農との因縁
第四章：嘉農精神の神髄
第五章：嘉農精神はこうして鍛えられた
第六章：嘉義農林の大記録と沿革
第七章：戦前は強かった「天下の嘉農」野球部
第八章：いばらの道辿った戦後の嘉農野球部
第九章：嘉農野球発展に貢献した功労者
第十章：終わりに

『永遠的嘉義農林／嘉義大学　ＫＡＮＯ棒（野）球魂』は、映画が公開された年の一一月に出版された。ここでは、学生動員の話に触れているが、その中心は野球部、「ＫＡＮＯ」についての話である。準優勝当時の近藤兵太郎監督の話も語られている。

本稿では、『私たちは嘉農第二十四回卒業生　私たちの奮闘物語シリーズ』、『嘉農人』、『永遠的嘉義農林／嘉義大学　ＫＡＮＯ棒（野）球魂』の一事例ずつを参照してきた。映画公開以前は、「語り」の内容が母校（嘉農）についての概要、歴史、嘉農精神、学生動員、台湾製糖公司が大部分を占めているが、映画公開以後は嘉農精神や学生動員に関しては引き続き述べられているものの、「ＫＡＮＯ」や野球部、監督の話が取り入れられている。嘉義大学の校友会としては、映画公開以前より野球を通した交流活動を積極的に行っている。その中で蔡氏はユニフォームを着て校友会のイベントに参加している姿も見られる。蔡氏は、本稿に際した聞き取り調査の中でも「ＫＡＮＯの映画がブームになった。僕たちができること、僕たちにできる日本との交流、これは野球しかない。」と述べているように、ご本人の語りには変化が見られ、映画の公開以後は、度々ＫＡＮＯ野球部ＯＢとして活躍している。

2018年8月5日甲子園球場にて撮影　蔡氏（右）

二〇一八年夏、夏の甲子園は第一〇〇回大会を迎えた。開会式には、蔡氏をはじめ嘉義大学校友会の代表団が参加した。嘉義大学校友会は、これまで何度も甲子園を観戦している。二〇〇一年には当時九〇歳であった準優勝メンバーの蘇正生氏も甲子園を訪れた[45]。蔡氏は二〇一八年夏の段階で九〇歳を超えていたが、今後の日台交流の懸け橋になりたいという思いが強く、甲子園準優勝に導いた戦前の野球部ＯＢ唯一の第一〇〇回記念大会参加者となった。嘉義大学校友会訪問団の様子は、朝日新聞デジタル「台湾・嘉義農林ＯＢも復刻ユニホーム姿で…甲子園開会式[46]」として取り上げられた。蔡氏は映画が製作され公開されたことで、甲子園を訪れることになるなど、嘉農の語り部から『ＫＡＮＯ』の語り部となったのだ。

おわりにかえて

本稿は、ご本人の強い希望により、蔡氏を取り上げ、蔡氏の人生と日台交流、語り部としての変化のきっかけとなった嘉義、映画「ＫＡＮＯ」に関連した内容について述べた。本来、本稿の題名は、聞き取り調査対象者のプライバシーに考慮し、「Ｓさんのお話」としていた。しかし、蔡氏より、名前を出しても構わないというお話があり、題名に個人名を記載したことを述べておきたい。また、蔡氏の語りそのものには、蔡氏が戦後に自ら学んだ知識が多く入り込んでおり、聞き手側である筆者も慎重に調査を進めなければならない。人生の大先輩に聞き取りを行う上で、聞き手の想像力も必要であったことも述べておく。

これまでの日本語世代の語りは、蔡氏以前に語られているような戦争動員などの語りが多い。これらは、戦争末期の史料が終戦時に焼却処分されてしまった台湾では重要な史料となった。しかし、これらの語りは、九〇年代以降量産されたため後世に伝わりにくい。では、蔡氏の現在の語りはどうだろうか。

蔡氏は、「ＫＡＮＯ」や「野球（スポーツ）」を通した語り部として活躍した。その結果、蔡氏の語りは、嘉義大学と中京大学の交流からも見られるように「交流試合」といったような形で伝えられた。今後も受け継ぐことができる。そして、今後も多くの世代に理解され、受け継がれる語りとなるのだ。そのきっかけが、野球（スポーツ）の歴史であり、映画『ＫＡＮＯ』であろう。

さて、筆者はここで、二〇一八年一二月一日、ＹａｈｏｏＪａｐａｎで、放映された「甲子園を夢見た台湾人～国境を越えた日本への想い～」と題されたドキュメンタリーを紹介したい。ドキュメンタリーは、蔡氏の甲子園への思いを中心に撮影されている。語り部の蔡氏が甲子園の土を踏めなかったことを絡めて描いている。本書では、ドキュメンタリーの製作者である中村香織氏にも特別寄稿としてコラムを執筆していただいている。そのため製作者の意図はそちらを参照されたいが、筆者は、このドキュメンタリーの製作されたのは、『ＫＡＮＯ』が公開され、注目を浴び、蔡氏が『ＫＡＮＯ』の語り部となったことが一つの要因であると考える。これにより、蔡氏の語りは、台湾を超えてより多くの人に伝わったことだろう。『ＫＡＮＯ』が台湾で制作されたことで、蔡氏だけではなく、大学間交流など日本と台湾のつながりはより強固なものになった。蔡氏は、戦後も切れることがなく保ってきた日本とのつながり、嘉農、嘉農野球部の卒業生であるという誇りを胸に二〇一八年、甲子園の地を訪れることができたのだ。

蔡清輝氏という一人の日本語世代の方の人生を遡ることで、私たちの知らない「日本」を伝えていく。本稿ではページ数の制約上聞き取り調査の内容の全てを紹介できないことが悔やまれるが、読者の方にはまず映画『ＫＡＮＯ』を、そして先述したドキュメンタリー見ていただきたいというのは筆者の、そして蔡氏の願いだ。

蔡清輝氏は二〇一九年現在、ご存命であり、精力的に語り部として活動しているため、「おわりにかえて」とした。二〇一九年「嘉義農林学校」は創立百周年を迎えた。蔡氏は、今秋に行われた百周年の式典に嘉農の代表として参加し、貴重な語り部となったことだろう。

注

（1）光復とは、台湾で日本の統治が終了し、祖国に復帰したことを意味している。

（2）台湾での映画評は、「日本と台湾の魅力が詰まった映画であった」「感動した」という意見もある一方で、「日本時代を美化している」という意見もあるなど様々であるが、世界でも歴史ある映画賞の一つである第五一回金馬奨では、最優秀作品賞、主演男優賞など主要六部門にノミネートされ、観客賞と国際映画批評家連盟賞を受賞した。

（3）ここでは、先行研究と参考文献に関して整理する。まずは、「語り」に関する先行研究をまとめる。日本語世代への聞き取り調査を基に執筆された五十嵐真子、三尾裕子【いがらし・まこ、みお・ゆうこ】（二〇〇六）『戦後台湾における〈日本〉植民地経験の連続・変貌・利用』（風響社）や、聞き取り調査を基に作成されたドキュメンタリー映画、酒井充子【さかい・あつこ】「台湾人生」などの研究が存在する。更に、台湾史では、元日本兵への聞き取り調査なども積極的に行われており、蔡慧玉【さい・けいぎょく】（一九九七）『走過兩個時代的人‐台籍日本兵』（中央研究院台湾史研究所）、周婉窈【しゅう・えんよう】（一九九七）『台籍日本兵座談会記録相関資料』（中央研究院台湾史研究所籌備處）は聞き取り扱った代表的な文献である。ここに挙げたもの以外にも、台湾に関する聞き取り調査は多数の蓄積がある。また、本論の執筆に際して、所澤潤、林初梅【しょざわ・じゅん、りん・しょばい】（二〇一六）『台湾のなかの日本記憶：戦後の「再会」による新たなイメージの構築』（三元社）も見逃せない一冊である。終戦以前の台湾における「日本」がどのように台湾人の記憶となったのか、戦後日本との「再会」によって新たなイメージがどう構築されたのか、文学、映画をはじめとした多方面から検討している。本論で特に着目したいのは、第五章の赤松美和子【あかまつ・みわこ】「現代台湾映画における「日本時代」の語り―『セデック・バレ』・『大稲埕』【だいとうてい】・『KANO』を中心に」である。［赤松美和子（二〇一六）］は、現代台湾映画が「日本時代」をどのように語っているのか、に関して、「海角七号」以降の作品として『セデック・バレ』、『大稲埕』、『KANO』を挙げ、分析している。『KANO』に関しては、終わりに、で論じられているのみであるが、甲子園で嘉農と対戦した札幌商校の投手であった、錠者の回想を用いた手法について分析している。

次に嘉義、嘉農に関する文献を参照する。はじめにでも述べたように『KANO』の公開以後、嘉義は再注目されている。とはいえ、特に日本では嘉義に関する研究は多いとは言えない。『KANO』に関しては、先述した［赤松美和子（二〇一六）］のように映画の語りとしたものがある。嘉義に関しては、藤井康子【ふじい・やすこ】（二〇一八）『わが町にも学校を　植民地台湾の学校誘致運動と地域社会』（九州大学出版会）が二〇一八年一〇月に出版された。［藤井康子（二〇一八）］は、一九二〇年代の台湾南部に着目し、一九二〇年代に行われた地方制度改正、教育令改正による地域社会の変化、振興、発展や学校誘致を中心に考察している。また、第四章のコラムは、「KANO（嘉農）とKACHU（嘉中）」として映画『KANO』そして嘉農、嘉義中学校（以降、嘉中）にも触れている。

日本統治時代の嘉義に関する文献としては、兼島兼福【かねしま・かねふく】（一九三二）『新興の嘉義市』（台湾出版協会）、嘉義市役所編（一九三五）『嘉義市制五周年記念誌』（同市発行）、作者不明『嘉義郷土概況』などがあり、日本統治時代五〇年間の嘉義の様子がうかがえる。本論でもそれらを参考にする。

嘉農の後身である国立嘉義大学では、一九九〇年代より卒業者を対象とした聞き取り調査が盛んとなった。主なものとしては、台湾嘉農校友会、台湾嘉大校友会が出版している、『嘉農人』（一九九七―）、国立嘉義農業専科学校校友会が出版している『嘉農口述歴史』（一九九三）、国立嘉義大学台湾文化研究中心出版の『嘉大口述歴史―日治時代』編（二〇〇七）や『嘉大口述歴史―師範大学』編（二〇〇八）などがある。最新のものでは、嘉義農林KANO棒（野）球部OB会出版の『永遠的嘉義農林／嘉義大学　KANO棒（野）球魂）』（二〇一四）や劉萬来（二〇一五）『一個老KANO的回憶　大林之子劉萬来自叙』などがある。

（4）本論では当事者の主張に従い、先住民ではなく原住民と表記する。

（5）『台湾　観光月刊　嘉義郷土の文化を訪ねる小さな旅』（二〇一七年）日本語版、第五八七号、台湾観光協会、六頁参照。

（6）兼嶋兼福前掲書、一頁参照。

（7）『台南新報』は、台南で刊行されていた新聞である。一九三七年には、『台湾日報』と改題された。

（8）嘉南大圳とは、一九三〇年に竣工した当時台湾最大の農水施設であり、重要な水利工事の一つである。これにより、嘉南平原は台湾最大の穀物地帯となった。

（9）『台南新報』一九二四年一〇月三一日第八一五四号。

（10）やまだあつし（二〇〇二）「一九一〇年代台湾の地方農政―米種改良事業を中心として」（名古

屋市立大学『人間文化紀要』第一三号）二頁。
(11) 作者不明、前掲書、一七三頁参照。
(12) 児玉源太郎とは、第四代（一八九八年～一九〇六年）の台湾総督である。児玉の総督時代に民政長官を任ぜられたのは後藤新平（一八九八年～一九〇六年）であり、インフラの整備など、台湾に発展をもたらし植民地統治の立役者となった。
(13)「恩給証書下附（津田毅一）」（一九一六年一〇月〇一日）、〈大正五年永久保存第三巻〉、《臺灣總督府檔案》、國史館臺灣文獻館、典藏號：00002478021には、津田の履歴書が残っている。津田は、退任後も有力者としての発言力は高く、嘉義の政治に大きく関わっていた
(14) Nippon.com「台湾を変えた日本人シリーズ：不毛の大地を緑野に変えた八田與一（1）」https://www.nippon.com/ja/column/g00557/?pnum=3　二〇一八年八月四日閲覧。
(15) やまだあつし、前掲論文、三頁参照。台北庁、宜蘭庁、桃園庁、新竹庁、台中庁、南投庁、嘉義庁、台南庁、阿緱庁、台東庁、花蓮港庁、澎湖庁の一二庁。
(16) 第四章「嘉義街の地域振興・中学校誘致運動」、第五章「嘉義街から嘉義市へ―「当て外れ」に終わった地元繁栄策―」藤井康子前掲書。
(17) 一九三五年の人口及び戸数は、七三一八〇人（男三七五六六人、女三五六一四人）、一五〇三九戸であり内訳は内地人九四六四人（男四八四七人、女四六一七人）、本島人六一八一四人（男三一四七二名、女三〇三四二人）、朝鮮人六七人（男一五人、女五二人）、外国人一八三五人（男一二三二人、女六〇三人）であった。嘉義市編、前掲書、四頁及び九―一〇頁を参照。
(18) 作者不明、前掲書、一七九頁。
(19) 早川直義【はやかわ・なおよし】「嘉義の沿革」嘉義市役所編前掲書、五〇頁。

(20) 表は、嘉義市編（一九三六年）『嘉義市要覧』一〇頁からの引用であるが、一〇頁では、四頁で七三一八〇人となっている一九三五年を七三一〇八人と記載している。具体的な種別から算出すると七三一八〇人が正しいため、表では七三一八〇人とした。

(21) 台湾で大ヒットした「海角七号、君思う、国境の南」や抗日事件を描いた「セデック・バレ」等の代表作で知られる監督である。

(22) Ｙａｈｏｏ！奇摩電影 https://movies.yahoo.com.tw/movieinfo_review.html/id=4783　二〇一九年一月九日閲覧。

(23) 映画『ＫＡＮＯ　１９３１海の向こうの甲子園』公式サイト二〇一九年一月九日閲覧。http://kano1931.com/prono.html

(24) 『アサヒスポーツ』一九三一年八月二九日印刷納本　第九巻　第一八号。

(25) プロデューサーであり、脚本も担当した魏徳聖によれば、八田と嘉南大圳のことは台湾でもよく知られている史実であり、以前から映画化したいと思っていたが、それだけで一本の映画にするのは難しいため、本作で融合したそうだ。『ＫＡＮＯ―カノ―１９３１海の向こうの甲子園』パンフレット（アイ・プランニング　東急レクリエーション映像事業部プロモーション企画部）一六頁。インタビュー　ウェイ・ダーション【プロデューサー／脚本】より。

(26) 川西玲子【かわにし・れいこ】（二〇一四）『戦前外地の高校野球　台湾・朝鮮・満洲に花開いた球児たちの夢』彩流社。

(27) 嘉農のエースであり、準優勝時のピッチャーである。

(28) Ｓｏｎｙｍｕｓｉｃ「台湾一〇万人パレードで大フィーバー！映画プレミア上映で熱唱」http://www.sonymusic.co.jp/topics/453二〇一八年八月四日閲覧。

(29) 統治時代、阿里山は台湾でも屈指の林場であった。統治時代に台湾の林業を開発するため、阿里山に森林鉄道が完成した。鉄道の完成後、阿里山では林業の開発が盛んになった。

(30) 公学校とは、台湾人（漢民族）の児童のために設置された初等教育機関である。別に日本人児童のための小学校、原住民児童のための「蕃人公学校」や「蕃童教育所」も設置された。

(31)『昭和十三年度　台南州立嘉義農林学校一覧表』（一九三八年四月末日現在）

(32) 昭和新報記者柯萬榮【か・ばんえい】（一九三七）『臺南州教育誌』昭和新報社臺南支局、一一二頁。

(33) 嘉義市、前掲書、一八頁。

(34) 蔡武璋編【さい・ぶしょう】（二〇一四）『永遠的嘉義農林／嘉義大学　KANO棒（野）球魂』嘉義農林KANO棒（野）球部OB会出版、劉萬来【りゅう・ばんらい】（二〇一五）『一個老KANO的回憶　大林之子劉萬来自叙』など。

(35) 日本李登輝友の会　愛知県支部　二〇一八年七月二四日閲覧。
http://ritoukiaichi.com/kyoei/

(36) 棒球とは、中国語で野球のことである。

(37)「八七年前の甲子園決勝が縁」『中日新聞　県内版』二〇一八年八月三日でも第三回交流試合の様子が取り上げられた。

(38) 歴史記憶「2015棒球口述歴史研習営」に関しては、以下に詳しい。
http://www.ncyu.edu.tw/NewSite/news3.aspx?news_sn=2477&pages=4%20http://jasyou.wixsite.com/ncyuohc

(39) 小野純子　前掲論文及び小野純子（二〇一八）「嘉義農林学生の戦争体験2」（名古屋市立大学大学院人間文化研究科『人間文化紀要』vol.29）では、蔡氏と陳裕雄氏の聞き取り調査結果をまとめている。

(40) 生年月日を尋ねると「昭和三年」と回答されたので、そのまま記載。

(41) 久保先生とは、佐賀県出身の久保作太郎であり、大工園先生とは、広島県出身の大工園清治である。前掲　台湾総督府職員録系統　二〇一八年一二月二五日閲覧。

(42) 特設警備第五〇五大隊及び第五〇八大隊に関しては、小野純子「公開された台湾関係『留守名簿』の調査―特設警備第五〇五大隊及び第五〇八大隊の例」(名古屋市立大学大学院人間文化研究科『人間文化紀要』vol.30、二〇一八)に詳しい。

(43) 二二八事件とは、闇たばこの摘発をきっかけに一九四七年台北で起こった暴動である。抗争は台湾全土に広がった。

(44) 蔡清輝主編『嘉農懐情』第二期(国立嘉義大学校友会、前嘉農第二四届畢業生聯誼会)、二〇〇一年、一〇六～一〇七頁。

(45) 蔡武璋編、前掲載、一〇六頁。

(46) https://headlines.yahoo.co.jp/hl?a=20180805-00000037-asahi-spo　二〇一八年八月五日閲覧。

参考文献

赤松美和子【あかまつ・みわこ】(二〇一六)「現代台湾映画における「日本時代」の語り―『セデック・バレ』・『大稲埕』・『KANO』を中心に」(所澤潤、林初梅【しょざわ・じゅん、りん・しょばい】『台湾のなかの日本記憶：戦後の「再会」による新たなイメージの構築』三元社)

『アサヒスポーツ』

五十嵐真子、三尾裕子【いがらし・まこ、みお・ゆうこ】(二〇〇六)『戦後台湾における〈日本〉植民

地経験の連続・変貌・利用』風響社
小野純子【おの・じゅんこ】（二〇一七）『嘉義農林学生の戦争体験』（名古屋市立大学大学院人間文化研究科『人間文化研究』vol.28）。小野純子（二〇一八）「嘉義農林学生の戦争体験２」（名古屋市立大学大学院人間文化研究科『人間文化紀要』vol.29）
小野純子（二〇一八）「公開された台湾関係『留守名簿』の調査—特設警備第五〇五大隊及び第五〇八大隊の例」（名古屋市立大学大学院人間文化研究科『人間文化紀要』vol.30）
川西玲子【かわにし・れいこ】（二〇一四）『戦前外地の高校野球　台湾・朝鮮・満洲に花開いた球児たちの夢』彩流社
昭和新報記者柯萬榮【か・ばんえい】（一九三七）『臺南州教育誌』昭和新報社臺南支局
嘉義市役所編（一九三五）「嘉義の沿革」（『嘉義市制五周年記念誌』嘉義市役所）、成分出版社有限公司から一九八五年に復刻。
『KANO—カノ—1931海の向こうの甲子園』パンフレット（アイ・プランニング　東急レクリエーション映像事業部プロモーション企画部）
蔡清輝主編【さい・せいき】『嘉農懐情』第二期（国立嘉義大学校友会、前嘉農第二四屆畢業生聯誼会）
蔡武璋編【さい・ぶしょう】（二〇一四）『永遠的嘉義農林／嘉義大学　KANO棒（野）球魂）』嘉義農林KANO棒（野）球部OB会出版
『昭和十三年度　台南州立嘉義農林学校一覧表』（一九三八年四月末日現在）
《臺灣總督府檔案》
『台湾　観光月刊　嘉義郷土の文化を訪ねる小さな旅』（二〇一七年）日本語版、第五八七号、台湾観光協会、六頁参照。
酒井允子【さかい・あつこ】（二〇一〇）『台湾人生』文藝春秋
藤井康子【ふじい・やすこ】（二〇一八）『わが町にも学校を　植民地台湾の学校誘致運動と地域社会』九州大学出版会
やまだあつし（二〇〇二）「一九一〇年代台湾の地方農政―米種改良事業を中心として」（名古屋市立大学『人間文化紀要』第一三号）
劉萬来【りゅう・ばんらい】（二〇一五）『一個老ＫＡＮＯ的回憶　大林之子劉萬来自叙』
『私たちは嘉農第二十四回卒業生　私たちの奮闘物語シリーズ』（第二四期卒業生自費出版（非売品））
Nippon.com「台湾を変えた日本人シリーズ：不毛の大地を緑野に変えた八田與一（1）」https://www.nippon.com/ja/column/g00557/?pnum=3
Ｙａｈｏｏ！奇摩電影 https://movies.yahoo.com.tw/movieinfo_review.html/id=4783
日本李登輝友の会　愛知県支部　http://ritoukiaichi.com/kyoei/

文末ではあるが、蔡清輝氏には二〇一五年から筆者の調査に協力をしていただいたことを感謝申し上げたい。ありがとうございました。

特別寄稿

嘉義農林学校日本語世代の今――戦前・戦中の記憶――

中村　香織

はじめに

私は二〇一八年に嘉義農林学校二十四期生で野球部の蔡清輝【さい・せいき】さんの短編ドキュメンタリー映像制作（『甲子園を夢見た台湾人～国境を越えた日本への想い～』蔡さんの命懸けの甲子園百回大会・恩師近藤兵太郎所縁の地松山訪問の旅を追った十五分のドキュメンタリー。Yahoo! JAPAN ニュースサイトで配信中。蔡さんの嘉義農林学校野球部は一九三一年に初出場ながら甲子園で準優勝した台湾からの出場校の活躍を描いた映画『ＫＡＮＯ』のモデルになった）の機会を得た。蔡清輝さんは撮影当時九十歳、台湾の日本統治時代の一九二八（昭和三）年生まれ、戦中下に学生時代を過ごした「日本語世代」にあたる。蔡清輝さん達日本語世代に会うまでは、台湾は五十年間もの長い日本統治時代があるのだから、当然、当時教育を受けた人達は日本語を話せ、戦後七十年以上経過した今、当時を知る人達は徐々に少なくなっているという程度の認識だった。実際に台湾に行き、日本語世代と言われる高等教育を受けた八〇代後半以上の台湾の方との交流で、日本語世代の日本語のレベルが日本人と変わらない、むしろ私よりも美しい日本語を話していること、毎日ＮＨＫを通じて世界情勢を把握しているなど、七十年以上経った今も日常の中に日本語がある事実に新鮮な驚きを感じた。はじめて嘉義県新港の蔡清輝さんの自宅に訪問した際、日本人の訪問をとても歓迎してくれて、日本語で会話できることを大変喜んでいるように見えた（蔡清輝さんは奥様と二人暮らしで奥様は日本語を話さない）。果たして私が日本人でなければ、ここまでの歓待を受けることはなかったのではないか。蔡清輝さんをはじめとした日本語世代は私の訪問を喜び、日本語での会話で元気になり、自分たちの日本統治時代の体験を共有したいと思っているように感じた。この台湾の日本語世代にとっての日本統治時代の歴史とは何か、日本語世代の想いを記録したいと思い、ドキュメンタリー映像の取材、撮影、制作をしている。

二〇一八年の短編作品には織り込むことができなかったが、蔡清輝さんの取材を通じて今もいる日本統治時代の嘉義農林の卒業生たちに会うことが叶った。近藤兵太郎【こんどう・ひょうたろう】氏から直に指導を受けた最後の教え子二十一期生の九十三歳の劉正雄【りゅう・まさお】さんに話を伺う事ができ、蔡清輝さんの同期生の台北の林泰岳【りん・たいがく】さんの家では数年ぶりに二十四期生の野球部三名が再会、二十三期・二十四期生を交えた九十歳を越える嘉義農林の同窓会が実現した。九十歳を超え身体は決して万全な状況とは言えないが、嘉義農林の記憶は鮮明で同窓生達と日本語、台湾語のちゃんぽんで話し、嘉義農林でユニークな逸話を残しているギャング先生の話、週に一度行われていた校長先生による修身の時間、野外実習、演習林での宿泊実習、夜の肝試し、三十キロのマラソンなど当時の学生生活について語り合い、嘉義農林の校歌を諳んじて歌う姿から、激動の時代を経験しながらも母校で学んだ誇りを今も持ち続けていると感じた。

嘉義農林卒業生の戦争の記憶

嘉義農林二十三期、二十四期生は戦争の影響が色濃く、学徒動員を経験している。二十三期生の陳江淋【ちん・こうりん】さんは五年制から四年制に変わり、兵役を免がれるために嘉義農林卒業後、台中師範学校に進学している。しかし政策の変更でそこで学徒動員となり、アメーバ赤痢で陸軍病院に入院、空襲の度に病室から防空壕へ避難しなければならなく、次々と病院で亡くなる同胞を見る中で自分もいつ死ぬのかと思っていたところ、八月十五日の玉音放送を聞いて、先ず「命が助かった」と実感した。二十四期生の林泰岳さんに数年前に公開された学徒動員時の名簿のコピーを見せたところ、「俺は牧野って呼ばれていたんだよ」と顔がぱっと明るく輝いた。林泰岳さんは当時改姓名をしており、名簿の記載は日本名の牧野だった。林さんの笑顔の反応に衝撃を受けたが、私がお会いした嘉義農林の卒業生は戦争中の体験を当時日本人だった自分自身の歴史の思い出として記憶していた。

嘉義農林の幻の甲子園

二十一期生の劉正雄さんは近藤コーチ野球部の最後のレギュラー選手で、鬼コーチと言われた近藤コーチの厳しい指導を台湾で直に受けた最後の教え子である。甲子園に憧れ、野球部に入りたくて嘉義農林に入学した。劉さんは、戦後、台湾代表としてフィリピンの国際試合に参戦し、彰化銀行の野球部で活躍した。あまりにも厳しい練習で野球部を辞めようと思ったこともあったそうだが、劉さんは厳しい時にはビンタも張られた近藤コーチを親のように思い、「今でも近藤先生のことを思い出すと目頭が熱くなる」と言い、一九四二年の幻の甲子園（全国中等学校優勝野球大会が中止されている中、戦意高揚のために、文部省主催で開催された全国中等学校錬成野球大会のこと。朝日新聞社主催ではなく、戦後の全国高等学校野球選手権大会が前史として認めていないためには記録されていないため、幻と呼ばれる。）に出場した台北工業との甲子園をかけた試合を忘れていない。嘉義農林は一九三一年初出場し準優勝以降、一九三六年の第四回目の甲子園出場以来、甲子園に行っていない。劉さん達嘉義農林野球部には最後の甲子園出場のチャンスがあった。当時のメンバーは後にプロ野球選手になる今久留主選手、台湾の野球界で活躍する洪太山選手など先鋭の選手達で構成されていた。しかし運は嘉義農林に味方せず、台北工業の関口選手のサヨナラホームランで念願の甲子園に行くことは叶わなかった。この試合を機に近藤コーチは野球部を辞めることになる。劉さんには甲子園から戻ってきた関口選手（戦後プロ野球選手として活躍）から言われた一言「劉さん、あなた達が行っていたらもっといいところまで行っていたよ」が今も悔しい気持ちとともに鮮明に記憶に残っている。

おわりに　嘉義農林の日本語世代から受け継ぐものと今後の課題

甲子園百周年の二〇一八年ＫＡＮＯの訪日ツアーが四年ぶりに行われた。ツアー参加のメンバーは皆復刻版のユニフォームを来て日本各地をまわった。参加者のうち日本語世代は蔡清輝さん一人で、他のＫＡＮＯメンバーは皆戦後の中国語世代、日本語は殆ど分からない。百周年記念ツアーは甲子園の百周年大会参加と松山の近藤兵太郎所縁の地を訪問が目的だったが、進行の中で近藤氏のお墓への参拝、宮崎の野球部部長であり体育の教師だった濱田次箕【はまだ・つぎみ】先生のご子息との再会があわや実現できない事態になりそうだった。同時期に開催されていた嘉義大学と中京大学の公式戦は三回戦ともに〇対五の嘉義農林の惨敗の結果だった。

劉正雄さんは「今の嘉義大学に自分達が近藤兵太郎先生から学んだ嘉義農林の野球部の教えは受け継がれていない」と言う。今の台湾の野球を見て、守備のミスが多い、自分たちの頃とは違うと言う。台湾は野球が人気のあるスポーツで、野球が盛んに行われている地域の一つであり、そのルーツは日本統治時代にある。日本統治時代、高等教育を受ける台湾人は少なく、台湾人で構成される野球部は嘉義農林が唯一だった。戦後、日本人が引き揚げた後、台湾の野球の礎を築く役割を担うのは本来であれば嘉義農林の卒業生たちだった。しかし、戦後の一時期、野球は日本人のスポーツだと中国大陸から来た人々の一部から白眼視され、公式な場での日本語禁止という厳しい環境の中で、嘉義農林の野球部の教えを直に伝える機会を失ってしまった。戒厳令が解かれ、李登輝政権になり定年を迎える時期からようやく同窓会を行えるようになった。二〇一四年の『ＫＡＮＯ』の映画の公開で、公に嘉義農林野球部の歴史が知られることになった。その後の日台交流も日本語世代に頼る日本語での交流だった。

二〇一九年は嘉義農林百周年、日本語世代を通じた日台交流は今大きな節目に来ている。今後日本語による交流はできなくなり、直に日本統治時代を経験した日本語世代はいなくなる。戦後も嘉義農林の野球部の日本語世代は強い絆で結ばれていた。今後も日本語世代の嘉義農林野球部の輝かしい歴史を伝え、友好的な日台関係が続いていくことを切に願っている。

＊コラム＊

声明と雅楽――現代のコラボレーションとその源流――

柴田 憲良 × 渡邊 良永

二〇一八（平成三十）年十一月二十五日、愛知県名古屋市にある日本特殊陶業市民会館ビレッジホールにおいて、東海天台仏教青年会およびアユチ雅楽会は、天台声明《てんだいしょうみょう》と雅楽のコラボレーション公演を行った。

東海天台仏教青年会は、愛知県・静岡県の天台宗青年僧の研鑽を目的とした集まりであり、法儀・声明・教学・布教の研修および托鉢などの活動をしている。アユチ雅楽会は、名古屋市立大学（人文社会学部・人間文化研究科）市民学びの会に所属する雅楽団体であり、神社・寺院の祭礼・縁日、各種行事・イベントでの奏楽を通して、伝統文化の継承や地域づくりのための活動をしている。

両団体の接点は、本コラムの筆者である柴田憲良【しばた・けんりょう】（東海天台仏教青年会）と渡邊良永【わたなべ・よしなが】（アユチ雅楽会）が同時期に名古屋市立大学人間文化研究科に在籍していたことにある。二〇一五（平成二七）年十一月七日、同大学の「人文社会学部創立二〇周年記念式典＆スペシャルホームカミングデー」でアユチ雅楽会が行った公演をきっかけに、声明と雅楽のコラボレーション公演の企画が発案されることになった。

本企画は、計三回の公演を実施した。それぞれの演目ならびに編成は、次の通りである。

一隅《いちぐう》を照らす運動　発足五〇周年記念　東海大会

日時：二〇一八（平成三十）年十一月二十五日（日）十三時〜

会場：日本特殊陶業市民会館ビレッジホール（名古屋市中区）

一、管弦《かんげん》　双調《そうじょう》　胡飲酒破《こんじゅのは》（雅楽）

二、云何唄《うんがばい》（声明）

三、散華《さんげ》〈甲様《こうよう》〉付對揚《たいよう》（声明）

管弦　双調　武徳楽《ぶとくらく》（雅楽）

「一隅を照らす運動　東海大会」での声明と雅楽のコラボレーション公演の様子

四、管弦　双調　酒胡子《しゅこし》（雅楽）

五、九方便《くほうべん》（声明）

管弦　双調　地久急《ちきゅうのきゅう》（雅楽）※篳篥《ひちりき》と龍笛《りゅうてき》のみ

六、百八讃《ひゃくはちさん》（声明）

声明編成：唄師《ばいし》・銅鐃《どうにょう》・散華師《さんげし》・唱礼師《しょうれいし》・讃頭《さんとう》・銅鈸《どうはち》

雅楽編成：鞨鼓《かっこ》・楽太鼓《がくだいこ》・鉦鼓《しょうこ》・楽琵琶《がくびわ》・楽箏《がくそう》・笙《しょう》・篳篥・龍笛

声明・雅楽ジョイントコンサート

日時：二〇一六（平成二十八）年六月十八日（日）十五時〜

会場：成願寺《じょうがんじ》（名古屋市北区）

一、管弦　黄鐘調《おうしきちょう》　音取《ねとり》（雅楽）

二、管弦　黄鐘調　越殿楽《えてんらく》（雅楽）

三、四智讃漢語《しちさんかんご》（声明）

四、云何唄（声明）

五、散華〈甲様〉付對揚（声明）

管弦　双調　音取（雅楽）

管弦　双調　酒胡子（雅楽）

六、管弦　双調　胡飲酒破（雅楽）
七、五悔《ごげ》（声明）
管弦　双調　地久急（雅楽）※篳篥と龍笛のみ
八、百八讃（声明）
九、四智讃梵語《しちさんぼんご》（声明）
十、管弦　太食調《たいしきちょう》　音取（雅楽）
管弦　長慶子《ちょうげいし》（雅楽）※舞楽吹き
声明編成：唄師・銅鐃・散華師・唱礼師・讃頭・銅鈸
雅楽編成：鞨鼓、楽太鼓、鉦鼓、笙、篳篥、龍笛

一隅を照らす運動　東海教区本部推進大会
日時：二〇一六（平成二十八）年六月二十五日（土）十五時〜
会場：覚王山日泰寺　普門閣（名古屋市千種区）
一、管弦　黄鐘調　音取（雅楽）

「一隅を照らす運動　東海教区本部推進大会」での雅楽の演奏の様子

管弦　黄鐘調　越殿楽（雅楽）
二、四智讃梵語（声明）
三、云何唄（声明）
四、散華〈甲様〉付對揚（声明）
管弦　双調　音取（雅楽）
管弦　双調　酒胡子（雅楽）
五、管弦　双調　胡飲酒破（雅楽）
六、五悔（声明）
管弦　高麗《こま》　壱越調《いちこつちょう》　音取（雅楽）
七、百八讃（声明）
声明編成：唄師・銅鐃・散華師・唱礼師・讃頭・銅鈸
雅楽編成：鞨鼓、楽太鼓、鉦鼓、笙、篳篥、龍笛

声明と雅楽の歴史

近年、こうした声明と雅楽のコラボレーションは、東京国立劇場や東京文化会館、著名な寺院・神社など、様々な会場で盛んに実施されているようである。

「一隅を照らす運動　東海教区本部推進大会」での声明の演奏の様子

では、果たして声明と雅楽のコラボレーションは、最近の流行なのだろうか。声明と雅楽の歴史を振り返ってみたい。

声明の伝来

声明とは、仏教の伝統的な儀式音楽、特に声楽・歌謡のことをいう。経典の一文字一文字に音階、旋律を付して唱えたものや、本尊や諸仏、諸菩薩を讃えるものなどがある。

日本に初めて声明が伝来した年代については不明の点が多いが、おそらく仏教伝来の際に、付随して伝来したと想像される。

当時は、「梵唄《ぼんばい》」あるいは「讃《さん》」といった。声明という呼称は、鎌倉時代に、湛智【たんち】（一一六三〜一説一二三七）が雅楽の理論に基づき声明の学理を解き明かそうとして『声明用心集《しょうみょうようじんしゅう》』を著したのが最初だとされる。

七二〇（養老四）年には、唐僧の道榮【どうえい】と学問僧の勝曉【しょうぎょう】らの唱法を軌範として経典音楽を統制する詔勅が下されている（『続日本紀』）。その理由は、このごろ「別音」を出す僧尼がいるからだというが、六世紀に仏教が伝来してから二〇〇年足らずで、すでに様々な唱法が存在していたことが分かる。

東大寺で初めてのコラボレーション法要

七五二（天平勝宝四）年四月九日、東大寺の大仏開眼供養会《だいぶつかいげんくようえ》の際に、舞楽などと共に大規模な声明の演奏が行われた（『続日本紀』『東大寺要録』）。一万人（『続日本紀』。『東大寺要録』は、一万八二五人（朱書には一万二十六人）と伝える。）が出仕したというから、このとき唱えられた声明は、七二〇年の詔勅による共通の唱法が敷衍されたものと思われる。

東大寺の大仏開眼供養会では、菩提遷那【ぼだいせんな】（七〇四〜七六〇）を開眼師に招き、隆尊律師【りゅうそん・りっし】（七〇六〜七六〇）を講師《こうじ》に、延福法師【えんぷく・ほっし】を読師《どくし》に配して、『華厳経《けごんきょう》』についての講経論義が催された。この法要を彩ったのが、声明と雅楽の演奏である。

声明の内容は、梵音《ぼんのん》・錫杖《しゃくじょう》・唄《ばい》・散華《さんげ》の四箇法要《しかほうよう》であった。かつて高座で唱えられた梵音が、鳥がさえずるような音に聴こえたという故事から、講師と読師のことを前囀と後囀と呼ぶという。声明の音域が高音であり、とても美しい響きを奏でていたと想像できよう。

天台声明

ところで、現在、声明は各宗派に伝承されているが、その大本は天台声明だといえる。天台声明は、伝教大師最澄【でんぎょうだいし・さいちょう】（七六六、一説七六七〜八二二）が中国より伝え、慈覚大師円仁【じかくだいし・えんにん】（七九四〜八六四）が中国の五臺山《ごだいさん》の声

「魚山聞梵」魚山の写真。撮影：柴田

明をもたらして本格的に発展した。これはのちに不断念仏《ふだんねんぶつ》へと継承されていった。円仁は、さらに、それまでの顕教系の南都声明に、浄土系や密教系の声明を加えて大系化した。その後、慈恵大師良源【じえだいし・りょうげん】（九一二～九八五）は、論義法要を国家的行事として重視し、その弟子である恵心僧都源信【えしんそうづ・げんしん】（九四二～一〇一七）は「講式」に旋律を付した。

平安末期、聖応大師良忍【しょうおうだいし・りょうにん】（一〇七三～一一三二）は、円仁以来、複数の流派に分かれて相伝されてきた声明曲を全て継承し、大原流（魚山流）声明を大成した。良忍は、尾張国出身で、十二歳で比叡山東塔に入り、二十三歳のときに京都大原の魚山大原寺《ぎょさんたいげんじ》に隠棲したという。現在の京都市左京区大原の勝林院や来迎院のある三千院門跡一帯を、中国の古い地名を採用して「魚山《ぎょさん》」（中華人民共和国山東省聊城市東阿県）と呼ぶ。ここは声明の聖地である。江戸末期までは、他の多くの宗派もまた一様に大原に赴き、口伝による伝承を重んじた。

天台声明は、中世音楽の平曲や能などに大きな影響を与えた。例えば、「論義」や「講式」は、語り物の原型である「平曲」を生み、これがのちに「浄瑠璃」・「歌舞伎」へと展開したという。天台声明は、日本の音楽史を語る上で欠かせない存在なのである。

雅楽の楽器（中央・楽太鼓《がくだいこ》、右・鞨鼓《かっこ》、左・釣鉦鼓《つりしょうこ》）

雅楽の源流と伝承

雅楽は、天皇を頂点とする貴族社会を基盤として発達してきた日本の音楽芸能である。現在は、宮内庁式部職楽部が雅楽の伝統を伝えている。ここは、明治初年に三方楽所《さんぽうがくそ》（大内楽所《おおうちがくそ》、天王寺《てんのうじ》楽所、南都楽所）を一つに統合した政府内の組織である。三方楽所のうちの天王寺方と南都方の楽人が、四天王寺と興福寺に所属していたことから、雅楽の伝承には寺院が大きな役割を果たしていたといえる。また、貴族の中には出家する者が多く、雅楽と声明は融和的な音楽芸能であったことが分かる。

雅楽は、五世紀から九世紀にかけてアジア大陸から中国・朝鮮半島経由で伝えられた舞や音楽である。それらが融合した音楽が、今に伝わる雅楽の源流となっている。雅楽は、①大陸から伝来した舞楽（唐楽《とうがく》・高麗楽《こまがく》・林邑楽《りんゆうがく》）と、②日本固有として扱われる神楽《かぐら》・東遊《あずまあそび》・倭歌《やまとうた》・大歌《おおうた》・大直日歌《おおなおびのうた》・田歌《たうた》・久米舞《くめまい》、および②とは別に貴族とその周辺で歌われた声楽の③催馬楽《さいばら》・朗詠《ろうえい》の三種に大別される。

東大寺の大仏開眼供養会における雅楽（舞楽を含む）の内容は、五節《ごせち》・久米舞・楯伏《たてふし》・踏《とう》歌《か》・袍袴《ほうこ》等の歌舞（『続日本紀』）や大歌儛・久米儛・楯伏儛・妓楽《ぎがく》鼓撃・唐散楽《とうさんがく》・唐中楽・唐古楽《とうこがく》・高麗楽・度羅楽《とらがく》・林邑楽・跳子名など（『東大寺要録』）で、先に述べた舞楽三種のうちの①②をふんだんに盛り込んだ構成となっている。

コラボレーション法要の歴史と展望

平安時代には、八六一（貞観三）年の「東大寺大仏御頭供養会」（『日本三代実録』『東大寺要録』）、九八〇（天元三）年の比叡山延暦寺根本中堂供養会（『叡岳要記』）、一〇七七（承暦元）年の白河天皇【しらかわてんのう】による法勝寺御塔壇落慶供養会（『承暦元年法勝寺供養記』）、一〇八三（永保三）年の同寺御塔会（『江家次第』）に際して、声明と雅楽が演奏された。

このように、奈良・平安時代における仏教法会には、声明による四箇法要に加えて、様々な雅楽や舞楽が演舞された。雅楽は、参詣者の楽しみであったことだろう。また、ときには僧侶の作法を助ける役割を果たしたであろう。音楽によって法会を一層荘厳なものにしたのである。

二〇一六年の声明・雅楽コンサートでは、終演時に「長慶子」を舞なしの舞楽吹きで演奏したが、声明と雅楽との親和性はとても高かった。今後のコラボレーション公演では、奈良・平安時代の法会のように舞楽を組み合わせることも一つの選択肢としたい。

音楽の普遍性

さて、雅楽で用いる楽器は、同一規格のはずなのに、様々な音高が複雑に交錯したような不思議な音を奏でる。これは「天空の響き」と表現されるらしい。一方、声明は、人間の生の声であるため、常に音高が一定に保たれるわけではない。また、声にはそれぞれの個性が表れる。そのため大勢で同じ曲を唱える場合には、音の密度が増したように聴こえる。奈良時代には、鳥のさえずりに譬えられ、後白河上皇が「一心敬礼《しんけいれい》声澄みて、十方浄土に隔てなし、第二《ていじ》第三《ていさん》数ごとに、六根罪障《ろっこんざいしょう》罪滅す」（『梁塵秘抄』）と歌ったように、とても高音の華やかな音声であっただろう。そのため声明は、「天女の声」と表現される。奈良・平安時代の法会は、さぞかし華やかで荘厳なものであったろう。まるで天に上ったような気分を味わえたに違いない。

声明と雅楽は、日本に伝わってからおよそ千五百年の間、絶えることなく現代まで伝承されている。その間に大きく発展したこともあれば、衰えた時期もあったであろう。しかし、両者の持つ優れた音楽性は、いつの時代も讃嘆されてきた。

今回、われわれは演奏する側であったが、もちろん普段は聴く側として音楽を楽しんでいる。コンサートを聴いたあとは、あらゆる思考が抜け落ちていくようなすっきりとした爽快感がある。音は、空気中に音を響かせることによって鳴る。形あるものとは違い、音はその瞬間にしか存在していない。音楽が時代や地域を超えて聴かれているのは、そうした音のはかなさにあるのかもしれない。

参考文献

小野功龍【おの・こうりゅう】（二〇一三年）『仏教と雅楽』法藏館。

木戸敏郎【きど・としろう】編集（一九九〇年）『日本音楽叢書一〜一〇』音楽之友社。

齊川文泰【さいかわ・ぶんたい】（二〇一二年）「天台声明の実際」道元徹心編『龍谷大学仏教学叢書③　天台―比叡に響く仏の声―』自照社出版。

齊川文泰【さいかわ・ぶんたい】『聲明とは』叡山学院。

あとがき

本書は名古屋市立大学の日本文化研究会に集う者たちによる論集で、ことば、説話、芸能をキーワードに、日本の文化の特色や、アジアの中における位置などについて考究するものである。日本の人文学は、現在、変化と組み替えの時期にさしかかっている。本書は、日本の文化の特色を一つの研究分野から照射しようとするものではなく、人文学の複数の研究分野から分析、論究して、それぞれの視座からの文化像を示すとともに、複合的、融合的な観点から文化の姿を描き出そうと企図するものになっている。

最初に私たちの研究会の成り立ちやこれまでの歩みについて記しておきたい。日本文化研究会は、名古屋市立大学大学院人間文化研究科の「日本の文化」を専攻する「課題研究科目」（現在「日本文化コース」）に学ぶ大学院生、修了生を中心に、人間文化研究科教員、および近隣大学の若手研究者などが集う研究会で、平成二〇（二〇〇八）年、当時大学院生だった太田昌孝【おおた・まさたか】さんが音頭を取り、山田陽子【やまだ・ようこ】さん、村田志保【むらた・しほ】さんの三人が発起人となって誕生した。

会を立ち上げた大学院生たちは、自分たちの研究成果を発表し、忌憚なく意見を述べ、議論しあう場を求めており、大学外の学会や研究会だけでなく、大学内においても熱く語り合うことができる場を求めていた。相談を受けた教員たちは、院生たちの情熱に動かされて会の結成に賛同し、同年七月一二日、第一回の発足の研究会が開催された。

その時の案内状などによると、会長には教員から成田徹男【なりた・てつお】教授が選任され、事務局長には太田さん、総務には富永加代子【とみなが・かよこ】さんが就任している。第一回研究会の発表者は市岡聡【いちおか・さとる】さんと太田さんの二人で、司会には山田陽子さんの名がある。以来、研究会は年に平均二回のペースで開催され、今年平成三一（二〇一九）年に至るまで二〇数回を数え、大学院生、修了生、教員、近隣大学の若手研究者などによる研究発表を行ない、折々には特別講演を実施してきた。

名古屋市立大学の人間文化研究科は昼夜開講制をとっていて、社会人の大学院生を広く受け入れており、「日本の文化」専攻にも社会人院生が少なくない。また、中国、韓国などからの留学生が多数在籍し、教員にも日本生まれではない、外国籍の日本研究者が含まれている。研究会では、多様な構成員からの発表やコメント――それは複数の文化的背景を持つ研究者からの見解と言ってもよい――が提出され、あるいは一つの専門分野による討議ではなく、分野横断的な意見交換を行なうことができ、一般の学会とは一味異なる議論ができる場になってきた。最近では、愛知県立大学、名古屋大学、南山大学、中京大学、京都大学などの大学院生や教員が、発表者、コメンテイター、一般参加者として参加することが少なくなく、一つの大学の研究会にとどまらない広がりを持ちつつある。

この間、研究会の企画・運営には主として大学院生、修了生があたり、歴代の院生たちが会の運営と活性化に尽力してきた。事務局長には、これまで太田昌孝、市岡聡、浅川充弘【あさかわ・みつひろ】の諸氏が就いて今日に至っている。会長は教員が任に当たり、成田徹男、阪井芳貴【さかい・よしき】、吉田一彦【よしだ・かずひこ】、やまだあつしの各教授が順に務めてきた。

研究会が始まってからまもなく一〇年が経過しようという平成二九（二〇一七）年、これまでの研究成果を書物にまとめて発信しようという声が上がった。二〇一八年三月には初代の会長を務めた成田徹男教授が定年で大学を退任するということもあり、種々議論ののち、今後、日本文化研究会の研究叢刊のような形で複数の書物を刊行していくこととし、まず第一冊目をまとめることにした。こうしてできあがったのが本書である。

日本の文化を考える上で、ことばの問題ははずすことができない。日本語にはどのような特色があるのか。アジアの中でどのような位置にあることばなのか。日本語は日本の文化をどのように規定してきたのか。本書では、巻頭に、ふりがなの意義を考察する論を配置し、日本語をめぐる諸問題を複数の角度から論じている。また、人間文化研究科に学ぶ大学院生には、外国人に日本語を教える教員が少なくない。留学生の中には、母国に帰って大学等で日本語の教員になる者がいる。では、日本語を教えるとき、どのようなところに留意するのが効果的なのか。本書ではこうした視座からもことばの問題を考究している。

日本では、また早くから説話や神話が発達してきた。説話や神話については、これまで仏教学、神話学、歴史学、宗教学、文学など人文学の種々の分野で、それぞれの視座からの研究が積み重ねられてきた。本書では、記紀神話や平安時代の仏教説話について分野横断的な考察を試み、あわせてその文化的背景になっている仏教思想、信仰の特質について考究する論を配置している。

文化の交流や伝播の問題を考える時、芸術・芸能（アート）の問題ははずすことができない。それが乗り物になって文化を伝えていくからである。本書では、ことばの芸術たる詩の近代的展開について、ヨーロッパ文化と土着文化との交流、融合という観点から考察している。さらに、中国、韓国、台湾などアジア諸国との文化交流について、芸能・芸術の交流を題材に考察し、アジアの中の日本文化の諸相について考察している。

なお、本書は名古屋市立大学人間文化研究科の出版助成を受けて、「名古屋市立大学人間文化研究叢書」の一冊として刊行される。同研究科に心より御礼申し上げる。本書の編集実務には、名古屋市立大学日本文化研究会会長（当時）のやまだあつし教授、および事務局の浅岡悦子【あさおか・えつこ】さん、小野純子【おの・じゅんこ】さん、手嶋大侑【てしま・だいすけ】さんがあたった。四氏の労に心から敬意を表する次第である。刊行にあたっては、風間書房社長の風間敬子【かざま・けいこ】さん、同社編集部の斉藤宗親【さいとう・むねちか】さんから適切な助言をいただき、丁寧な本作りをしていただいた。心より感謝申し上げる次第である。研究成果がこのように書物の形になるのは私にとって大きな喜びである。研究会に関わったすべての大学院生・修了生の方々、先生方に心より御礼申し上げる次第である。

二〇一九年四月七日

吉田一彦

著者紹介

やまだあつし（名古屋市立大学大学院人間文化研究科教授）

成田徹男【なりた・てつお】（元名古屋市立大学大学院人間文化研究科教授）

手嶋大侑【てしま・だいすけ】（名古屋市立大学人文社会学部非常勤講師）

吉田千寿子【よしだ・ちずこ】（名古屋市立大学人文社会学部非常勤講師）

阪井芳貴【さかい・よしき】（名古屋市立大学大学院人間文化研究科教授）

黄如翎【ふぁん・るーりん】（名古屋市立大学大学院人間文化研究科博士前期課程修了生）

浅岡悦子【あさおか・えつこ】（名古屋市立大学人文社会学部非常勤講師）

市岡聡【いちおか・さとる】（名古屋市立大学人文社会学部非常勤講師）

柴田憲良【しばた・けんりょう】（名古屋市立大学人文社会学部非常勤講師）

ジェームズ・バスキンド（元名古屋市立大学大学院人間文化研究科准教授）

太田昌孝【おおた・まさたか】（名古屋短期大学保育科教授）

文秀秀【ぶん・しゅうしゅう】（広東培正学院外国語学部日本語学科専任講師）

白真善【ぺく・じんそん】（名古屋市立大学大学院人間文化研究科博士前期課程修了生）

小野純子【おの・じゅんこ】（名古屋市立大学人文社会学部非常勤講師）

中村香織【なかむら・かおり】（映画制作プロデューサー）

渡邊良永【わたなべ・よしなが】（名古屋市立大学大学院人間文化研究科博士前期課程修了生）

吉田一彦【よしだ・かずひこ】（名古屋市立大学大学院人間文化研究科教授）

名古屋市立大学人間文化研究叢書6

アジアの中の日本文化
―ことば・説話・芸能―

二〇一九年一二月二五日　初版第一刷発行

編　者　名古屋市立大学
　　　　日本文化研究会

発行者　風　間　敬　子

発行所　株式会社　風　間　書　房
101-0051　東京都千代田区神田神保町一―三四
電　話　〇三―三二九一―五七二九
ＦＡＸ　〇三―三二九一―五七五七
振　替　〇〇一一〇―五―一八五三

印刷　堀江制作・平河工業社
製本　高地製本所

NDC 分類：121
ISBN978-4-7599-2299-8　Printed in Japan